타고난
운명을
보완하는
작명개운법

—— 지금은 이름 성형 시대 ——

정담(情談) 정　희

정담(情談) 정희

도전하는 인생은 성공한 삶이다

세월은 쏜살같다더니, 어느새 육십을 바라보는 나이가 되었다. 철부지 시절엔 쉰 살이 넘으면 세상에 대한 미련이 없을 줄 알았다. 하여 죽음조차 가볍게 생각했었다. 그런데 나는 이즈음 가장 바쁜 나날을 보내는 중이다. 사는 듯 살고 있다는 자각이 들 정도로 부지런을 실천하고 있다.

내 또래, 50대 후반의 사람 대다수가 사회적으로 무력한 삶을 받아들이며 살아간다. 퇴직해서 삼식이가 된 남편, 각자의 인생을 찾아 떠나 버린 자녀들, 헌신의 이름으로 쭉정이가 된 자신을 애써 외면하고 살아가는 주부들.......
나이가 들어 그나마 다행인 건 생활 걱정은 하지 않아도 된다는 것 정도, 하지만 그마저도 준비가 안 된 사람들도 허다하다. 게다가 사노라면 사건, 사고의 연속이다. 나이가 들었다 하여 세파가 비켜 갈 리 만무하다. 육체는 점점 쇠약해지고 정신적인 에너지마저 고갈되어 갈 때 만난 변고는 사람을 더욱 지치게 한다.

하는 일 없이 시간만 소모하는 노년은 잠자리에 들 때 더욱 푸석해진다. 다시 아침이 와도 그날이 그날이다. 이것이 노년에 가장 경계해야 할 무기력증이다. 흔히 100세 시대라 하지 않던가. 무감한 타성에 젖어 살아가게 된다면 장수는 축복이 아닌 재앙이다. 이제 입시, 육아, 출세, 집 장만, 이러한 숙제를 벗어 버린 나이가 되었으니, 오히려 자신의 소양을 개발하는 시간으로 삼아야 한다.

나는 나름 뜻한 바가 있어 25년 교직 생활을 과감하게 접었다. 그러나 세상사는 내 마음처럼 흘러가지 않았다. 게다가 퇴직금으로 받은 거금을 몽땅 사기를 당했다. 심신이 지쳐 가던 그때 우연히 명리학을 접하게 되었다. 우연처럼 운명처럼 명리학이 나를 찾아온 것이다. 그 후 나는 명리학이라는 학문에 깊이 빠졌다.

날마다 새로운 깨달음을 주는 명리학을 만난 후, 한동안은 속세의 인연을 끊고 산속에 묻혀 고시생처럼 공부만 하고 싶었다. 그토록 간절했고 가치가 있다 생각되었다. 인고의 오랜 시간이 흘렀다. 2022년, 드디어 『명리적성 비법노트』라는 책을 출간했다. 다행히 책에 대한 반응이 나쁘지 않았다. 명리학 분야 베스트셀러 1위.

내친김에 명리학에 대한 이해와 상담을 토대로 작명에 관한 책을 내기로 했다.

정담작명문화원을 운영하고 있고 그동안의 열정과 틈틈이 쌓인 자료는 충분했다. 더 망설일 이유가 없었다. 행동으로 옮기는 갑목(甲木)과 편관의 기질이 일사천리로 일을 진행해 나갈 것을 스스로 알기에 즉각 착수했다. 공동 출간이긴 했지만 짧은 기간 하루 10시간씩 투자하며 『명리적성 비법노트』 책을 써 봤기에 자신감이 있었다.

작명학을 공부하며 가장 먼저 한 일은 우리 가족 이름의 감명(監名)이었다. 30여 년 전 거금을 들여 지었던 우리 아이들 이름. 아쉬웠다. 음양의 조화와 자원오행도 맞지 않았고, 원형이정(元亨利貞) 또한 흉수(凶數)였다. 다행히 발음오행은 맞춰져 있었다. 아이들은 개명을 원치 않았다. 그래서 찾은 대안이 이름의 내부 인테리어였다. 이름인 발음오행은 그대로 두고 사주를 분석하여 음양과 자원오행을 맞추고 원형이정(元亨利貞)을 맞췄다. 작명을 배운 지 얼마 되지 않았을 때라 쉽지 않았다. 수학 공부를 하듯 몇 시간을 원형이정 숫자와 씨름했다.

드디어 아이들 이름이 원형이정(元亨利貞)의 길수(吉數)로 다 맞춰졌던 한밤중, 유레카를 외치며 남편을 깨웠다. 첫 작명, 그때의 뿌듯함이란.......

작명에 대해 아무것도 모르던 때 나의 호(號)를 지었다. 정담(情談). 마음속 진솔한 이야기. 그때는 작명 공식도 모르고 그저 의미가 좋아 사용했던 호인데, 화(火)가 없는 내 사주를 보완해 주는 제대로 된 작명이었다. 타고난 운명인 사주는 수족(手足)과 같다. 맘에 들지 않는다고 다른 것으로 교체할 수가 없다. 하지만 굳이 분류하자면, 이름은 수족(手足)이 아니라 의복에 해당한다. 의복은 맘에 들지 않으면 얼마든지 갈아입을 수 있다. 바야흐로 21세기, 얼굴 성형도 횡행하는데, 타고난 사주의 부족한 부분을 보완해 주는 이름 성형에 망설일 필요가 있을까?

성형에도 전신 성형이 있고 부분 성형이 있듯, 이름 전체를 바꾸는 개명과 이름을 그대로 두고 부분적으로 하는 개명이 있다.

이름은 본인의 자존감과도 깊게 연결된다. 그만큼 중요하다. 그걸 알기에 요즘 젊은 부모들은 자녀 이름을 함부로 짓지 않는다. 컴퓨터 세대이기 때문에 작명 앱에 들어가 작명을 할 거 같지만, 신중하고 합리적인 새내기 부모가 의외로 많다.

나는 주로 새벽에 작명을 한다. 맑은 정신으로 오롯하게 작명을 맡긴 분을 생각하며 최선을 다한다. 작명은 영(靈)과 기(氣)가 담기는 작업이기 때문에, 결코 소홀할 수가 없다. 또한 작명은 인생을 잘 살아온 사람에게 맡기는 것이 현명하다고 생각한다.

작명할 때 작명사의 영(靈)과 기(氣)가 투영되기 때문이다.

작명에는 여러 학파가 있고, 추구하는 바도 각자 다르다. 나는 정통 작명법으로 작명한다. 대대로 내려온 발음오행, 음양오행, 자원오행, 수리4격을 바탕으로 부르기 편하고 시대에 맞는 이름으로 짓는 것이다. 정담작명문화원은 시대의 트렌드에 맞는 이름을 추구한다.

뭔가 할 일을 찾고 있는 50~60대라면, 명리학이나 작명학 분야에 도전해 볼 가치가 있다. 딱히 직업으로 연결되지 않는다 해도 삶을 살아가는 데 적잖은 기쁨을 맛볼 수 있을 것이다. 나는 도전했기에 평생 직업을 만났다. 시작하지 않았다면 젊었을 때도 맛보지 못한 이 벅찬 날들을 어찌 엮어 갈 수 있었을까?

아무런 대가 없이 기꺼이 감수 작업을 맡아 주시고 작명사로 성장할 수 있도록 도움을 주신 나경미 박사님께 진심으로 감사드린다. 사랑하는 가족, 나를 지지해 준 많은 분 그리고 추천 글을 써준 나의 제자 유리에게 감사의 마음을 전한다.

내가 사랑하는 사람, 나를 사랑하는 사람
당신들이 곁에 있어 참 좋습니다.

그리운 나의 어머니께 이 책을 바칩니다.
- 임인년(壬寅年) 기유월(己酉月) 익어가는 가을에 -

영원한 나의 스승, 나의 멘토 정담 선생님

신사임당, 허난설헌을 두고 흔히 시대를 잘못 만난 여인이자 재평가를 받아야 할 위인이라 일컫는다. 두 여인에게는 특별한 재능 외에 지원을 아끼지 않았던 아버지가 계셨다. 또 여성이라는 이유로 세상에 나가지 못했다는 공통점이 있다. 여자라는 이유로 부당함과 싸워야 했던 그녀들을 떠올릴 때마다 견고한 유리 천장이 언젠가는 부서질 날을 고대해 왔다.

내게는 역사책에 등장하는 그녀들뿐만 아니라, 홀로 유리 천장과 싸워 온, 재평가를 받아야 할 존재가 또 한 명 있다. 바로 정담 선생님이다.

선생님을 처음 만난 것은 2007년 봄이었다. 선생님의 첫인상, 눈에는 사람을 매료시키는 기운이 있었고, 얼굴에는 내면에서부터 나오는 환한 기운이 흘러넘쳤다.

왠지 나의 감정을 읽힌 것 같아 유난히 긴장되던 첫 만남을 잊을 수 없다. 선생님은 부드러운 리더십으로 속한 곳의 질서와 분위기를 따뜻하게 잡아 나가셨다.

선생님은 자신을 낮추고 상대에게 공을 돌리시는 분이다. 그리하여 상대가 스스로 자긍심을 느끼게 하는 특별한 능력을 지니셨다. 왠지, 재학생 시절부터 나는 선생님을 뵐 때마다 학교라는 울타리에 갇혀 지낼 분은 아니라는 생각이 들었다. 더 큰 세상으로 나가셔야만 할 것 같은 그런 느낌이 들었다.

그러던 어느 날, 마침내 선생님은 '줄탁동시'라는 말을 남기고 학교를 훌훌 떠나셨다. 하지만 세상은 선생님께 야박했다. 선생님의 능력을 알아봐 주고 세상으로 밀어주는 스승과 같은 지지자가 없었다. 신사임당이나 허난설헌은 남존여비가 지배하는 세상에서 그들의 재능을 폄훼하지 않고 오히려 지지해 준 아버지가 계셨기에, 지금까지도 그 이름이 전해진다고 생각한다. 선생님은 홀로 어두운 알 속에 남아 때를 기다리며 공부를 게을리하지 않으셨다. 지치기에 충분한 시간이 흘렀다.
드디어 선생님이 알을 깨고 세상 밖으로 나오셨다. 어미 새의 도움 없이 스스로.

선생님과 같은 멘토를 만나지 못했다면, 단언컨대 지금의 나는 없다.
어려운 일에 부딪히거나 선택의 갈림길에 섰을 때 나는 늘 손을 내밀었고 선생님은 기꺼이 내 손을 잡아 주셨다.

연세가 들어도 식을 줄 모르는 열정으로 깨어 있던 선생님,
드디어 두 권의 책을 출간하며 제자들 앞에 우뚝 서셨다.
그럴 줄 알았다.
세상 어느 누구보다 믿음직한 분,
세상 어느 누구보다 따뜻하신 분,
삶을 향한 부단한 노력과 인간에 대한 따뜻함을 품기 위하여 늘 노력하시는 분.

이제 그런 선생님이 정성으로 이름을 지어 주신다.
나는 진심으로 선생님을 믿고 지지한다.
나라는 존재를 꽃피게 했듯
세상 속 수많은 사람의 생애를 꽃피게 해 줄
정담 선생님이 날개를 펴고 세상 속으로 성큼 들어오셨다.

- 선생님의 제자 유리 -

목차

1장 | 성명학의 의미

정담 칼럼 1   첫 작명의 기억

2장 | 음양오행

3장 | 발음오행

정담 칼럼 2 어떤 스승, 한근태 작가님

4장 | 자원오행

정담 칼럼 3 관계의 정의

- 인명용 대법원 한자는 수록하지 않았습니다.
- 한자를 넣게 되면 서적의 분량이 너무 방대해집니다.
- 전문적인 인명용 한자 서적 사용을 권합니다. (인터넷 서점에서 판매)
- 인명용 한자를 수록하지 않은 대신 서적의 단가를 낮추고, 내용을 보완하는 데 주력했습니다.

✦ 교보문고에서 책 구입 후 인증샷과 함께 댓글을 달아 주시면
  이름을 무료 감명해 드립니다.

성명학의 의미 -

1장

01 성명의 유래

옛날부터 사람의 이름은 그의 운명과 분리되지 않는다고 생각하였다. 고대에는 문자에 혼(魂)과 영(靈)이 깃들어 있어 신과 통한다고 믿었기 때문이다. 또한 이름을 신성하게 생각했기 때문에 윗사람이나 부모의 성함을 함부로 부르지 않았다.

이름을 중요하게 생각하여 유가에서는 '**명체불이**(名體不二)'라 하여 이름이 곧 몸이요, 몸이 곧 이름이라 했다. 유학자 주자는 '**유명천추**(遺名千秋)'라 하여 이름은 영원히 살아남게 된다고 하였다. 우리나라 속담에도 "**호랑이는 죽어서 가죽을 남기고 사람은 죽어서 이름을 남긴다.**"라는 말이 있다.

나라를 구한 성웅 이순신, 독립운동가 김구 등 우리는 모두 이름으로 그분들의 업적을 기린다. 즉, **이름은 그 사람과 따로 구분하여 생각하지 않는 불가분의 관계이며 이름은 자신을 대변하는 그 자체인 것이다.**

성명(姓名)에서 성(姓)은 여자 여(女)와 낳을 생(生)이 합쳐진 글자이다. 곧 여자가 낳는다는 의미를 담고 있으며 모계 사회를 뜻한다.

성(姓)은 중국에서 가장 먼저 사용하였다. 초기에는 산이나 강 등에서 성(姓)을 따왔다고 한다. 우리나라에서의 성은 중국의 한자 문화가 유입된 삼국 시대부터 사용된 것으로 추정된다.

성명(姓名)에서 명(名)은 성에 붙여진 이름을 말하며 저녁 석(夕)과 입 구(口)가 합쳐진 글자이다. 이는 저녁에는 어두워서 사람이 보이지 않으니 입으로 소리를 내어 구분하는 것을 말한다. 즉, 어두워져 보이지 않으면 소리를 내어 구분한다는 근본적인 의미를 가지고 있다.

성명학의 발전은 언어학의 발전으로 이어지며 언어는 그 시대의 문화를 담고 있다. 그래서 필자는 작명이 그 시대의 문화를 내포하고 있다고 생각하여 정담작명문화원을 운영하고 있다.

우리는 이름만 들어도 상대의 나이 정도를 가늠할 수 있다.

현재 50~60대는 미자, 숙자, 미숙 등등의 이름을 많이 사용하였다. 그때는 이런 이름을 보편적이고 예쁘고 좋은 이름으로 생각했기 때문이다. 하지만 세월이 흐르고 문화의 흐름이 바뀌었기 때문에 지금은 촌스럽게 느껴지는 것일 뿐이다.

지금 태어나는 아이에게는 50~60대가 가지고 있는 이름은 지어 주지 않는다.

요즘 부모는 현시대에 맞는 세련되고 예쁜 이름을 선호한다. 하지만 절대 간과해서는 안 되는 것이 있다. 태어난 선천적인 사주를 무시하고 단지 듣기만 좋은 예쁜 이름으로 내 자녀의 이름을 지어서는 안 된다. 입에 맞는 맛있는 음식이 몸에 좋은 것이 아니라는 것을 우리는 이미 알고 있다.

예쁜 이름이지만 자신에게 좋은 영향을 주는 긍정적인 이름이 아니고 부정적인 의미의 이름이라면 인생에 분명한 영향을 준다. 이 점을 점검하고 깨달았으면 하는 바람이다. 잘생기고 예쁜데 인격마저 훌륭하고 건강하다면 얼마나 좋겠는가? **듣기도 좋고 세련되고 예쁜 이름인데 자신의 부족한 기운까지 보완해 주는 이름이라면 이보다 더 좋은 것이 어디 있겠는가?**

이것이 개명, 즉 이름 성형에 대해 망설일 필요가 없는 이유이다.

이 책을 접하게 된 것이 당신과 당신 자녀에게는 커다란 행운으로 작용할 것이다.

02 성명의 의미

사람은 태어나면서부터 자신의 선천적인 DNA를 가지게 된다. 사주의 8글자가 자신이 태어나면서 운명적으로 가지게 되는 DNA와 비슷한 개념이라고 보면 된다. 제왕 절개라는 것이 없던 시절에는 자신의 사주 8자를 골라서 태어날 수 없었다. 요즘은 자녀에게 좋은 사주를 주기 위하여 날짜를 조정하여 제왕 절개를 하는 사람도 많지만 그렇게 택일해서 태어난다고 해도 모든 걸 다 가질 수는 없다.

완벽한 사주를 가지고 태어나기는 어렵다.

우리의 인생이 그렇듯 대부분 어딘가 부족한 것이 사주이다.

부와 명예가 있으면 사랑이 부족하고, 명예가 있으면 부가 없고, 부모복이 있으면 배우자복이 없고, 배우자복이 있으면 자식이 속을 썩이게 된다.

자신은 부러울 것 없는 유명인임에도 자식 때문에 무릎을 꿇는 사례를 종종 본다. 이처럼 돈과 명예, 사랑, 대인 관계, 인덕, 인격, 이 모든 걸 가지고 인생을 풍족하게 살아가기는 정말로 어렵다. 어딘가 하나는 비어 있는 채 외로움을 달래며 사는 것이 인생이기 때문이다. 이렇게 **선천적으로 타고난 부족한 부분을 보완해 줄 수 있는 학문이 바로 작명 개운법이다.**

생년월일 8개의 기운을 갖고 태어난 것을 사주이자 운명이라 한다면, 성명은 평생 자기를 나타내는 자신의 대명사와 같다. **성명은 그 사람이 평생 입고 다니는 의복과 같은 의미**로, 성명학을 통해 비록 선천적으로 부족한 것이 있는 사주라 하더라도 좋은 성명으로 보완하여 운명을 개척할 수 있다.

그래서 **성명학은 타고난 운명을 보완하는 보완 학문**이라 할 수 있다. 입고 있는 옷이 마음에 들지 않으면 얼마든지 갈아입을 수 있듯이 이름도 의복과 마찬가지이다.

선천적으로 가지고 태어난 사주는 부족한 오행과 과다한 오행과 없는 오행이 있을 수 있다. 사주는 8가지 글자가 균형이 맞춰졌을 때 평탄한 삶이라 하여 좋은 사주라고 여기며 굴곡 많은 삶보다는 평범하고 안정되게 사는 것을 더 좋게 생각한다. 하지만 사주라는 것이 내가 좋아하고 필요한 것만을 취할 수가 없다.

8글자 중에는 나에게 좋은 역할을 하는 오행도 있고 나쁜 역할을 하는 오행도 있다. 나에게 꼭 필요한 오행, 나를 도와주는 오행을 용신이라 한다. 나에게 힘이 되는 용신이 내 사주에 자리하여 용신의 역할을 충분하게 해 주는 것도 있지만 사주 8글자에는 존재하지 않는 용신도 있다.

사주는 내 힘으로 만들 수 없기에 선천적으로 가지고 태어난 선천 운명이라 한다. 작명은 내가 가지고 태어난 사주의 깨진 균형을 후천적으로 만들어 준다 하여 후천 운명이라 한다.

성명학은 기본적으로 사주를 바탕으로 하지 않으면 안 된다. 요즘은 순우리말 한글 이름도 있고 영어 이름도 사용하지만 그것에도 성명학에서 사용하는 규칙이 있다. 아무리 뛰어난 외모를 가지고 있다 하더라도 병들어 오래 살지 못하고 비실비실한 삶을 살다가 가 버린다면 그 멋진 외모가 무슨 소용이 있겠는가? 성명학에서의 기본적인 규칙을 무시하고 그저 예쁘기만 한 이름은 이와 같다고 보면 된다.

살면서 내 힘으로 안 되는 것도 사실 많이 있다. 하지만 조금만 신경을 쓴다면 훨씬 수월한 삶을 사는 방법이 있다는 것도 알려 주고 싶다. 그 방법적인 면을 깊이 연구하고 발전시키는 것이 성명학이다. 요즘은 어리게만 느껴졌던 MZ(15~40세) 세대가 부모가 되는 시대가 되었다.

MZ 세대는 기성세대와 달리 합리적이며 단순명료한 사고로 삶을 살아간다. 군더더기를 싫어한다. 요즘은 이러한 MZ 세대가 개명을 요청하는 사례가 증가하고 있다.

50대인 우리 세대만 하여도 무언가 마음에 안 드는 것이 있어도 그저 참는 것이 미덕이었다. 하지만 지금 시대의 젊은이들은 자신의 의견을 표현하는 데 적극적이며 당당하다. 다른 것은 몰라도 하루에 수십 번 불리는 자신의 이름이 마음에 안 들고 좋은 의미와 기운을 내포하고 있지 않다면 자신의 삶에 지대한 영향을 미친다는 생각을 합리적으로 하는 것이다.

필자는 **명리학자로서 명리학 저서 『명리적성 비법노트』를 집필하면서 사주와 성명학은 불가분의 관계에 있다는 것을 깨닫게 되었다.**

상담을 하다 보면 아픈 사연을 들고 오는 내담자가 많다. 이들의 사주를 들여다보면 사주대로 살고 있는 사람이 정말 많다. 사주는 분명 개척이 가능함에도 사주의 힘에 눌려 살고 있는 사람들을 보면서 안타까운 마음이 들었다. 필자는 **타고난 사주를 바꿔 줄 수는 없어도 개운해 줄 수 있는 방법을 연구하다 성명학을 공부하게 되었다.**

개명한 사람이 밝은 얼굴로 지금까지의 어두웠던 과거와 단절하고 삶을 리셋하여 새롭게 살 수 있을 것 같다고 미소를 지을 때 필자는 정말 큰 보람을 느낀다.

이처럼 중요한 성명학은 몇 가지의 규칙에 의해 이루어진다. 자신의 이름이 작명 규칙과 부합하는지 감명을 통해 알아보기 바란다.

참고로 무료 앱은 개명을 유도하기 위한 앱이므로 단순히 점수로 나타나는 것을 믿어서는 안 된다. 작명 기법은 다양하기 때문이다. 작명사가 어떤 방식으로 작명을 하고 있는지 알아보고, 본인도 기본적인 작명 상식은 가지고 있는 것이 좋은 작명사를 만날 수 있는 길이다.

이름	» 성 + 이름: 이 중에서 이름 부분만을 말한다.
성명	» 성 + 이름: 성과 이름을 통틀어 말할 때 성명이라 한다.
성명학	» 성명을 연구하고 발전시키는 학문을 말한다.
작명학	» 작명 이론에 기반하여 이름을 짓는 학문을 작명학이라 한다. » 본 저서는 타고난 운명을 보완하여 좀 더 풍요롭고 행복한 인생을 살 수 있도록 도움을 주는 작명 개운법 이론에 대해 기술한 책이다.
작명사 작명가	» 이름을 짓는 사람을 작명사 또는 작명가라고 한다. » 사람, 상점, 회사 등의 각종 상호나 이름을 지어 주는 일을 직업으로 하는 사람을 말한다.

성명과 이름, 성명학과 작명학이라는 단어가 혼용되어 사용되나 그 의미적인 면에서 약간의 차이가 있다. 혼용하여 사용하여도 의미 전달에는 무리가 없다.

03 잘 지어진 이름의 효력

「내 이름은 김삼순」이라는 드라마가 있었다.

이 드라마에는 김삼순에 얽힌 웃픈 에피소드가 나온다. 여주인공은 김삼순이라는 이름을 가지고 있으니 한자의 뜻이 아무리 좋다 한들 학교에서 출석을 부를 때나 자신의 이름이 불리는 장소에 갈 때마다 얼마나 어깨가 움츠러들었겠는가? 놀림을 받을 때마다 얼마나 부모를 원망하는 일이 많았겠는가? 지금이야 개명 신청을 하면 **95% 이상 받아들여**지지만 예전에는 웬만하면 개명 신청이 받아들여지지 않았다. 개명 신청이 쉬워지고 개명 허가가 잘 나니 **요즘은 개명이 붐처럼 일어나고 있다.**

중년쯤 되었는데 이름이 요즘 이름처럼 세련된 사람이 있다면 그 사람은 개명을 한 사람일 것이다.

필자 또한 이름이 독특했기 때문에 이름에 얽힌 사연이 참으로 많다.

필자의 이름은 '박정희'이다. 그 유명한 박정희 대통령과 이름이 같은 것이다. 선생님과 반 친구들, 어디서든 내 이름은 남들에게 너무나 쉽게 인식이 되는 유명한 이름이다. 이름 덕분에 별명도 많았다. '대통령', '각하' 등. 선생님들도 지나가다 나를 보면 "각하!" 하면서 거수경례를 하였고 경례를 받은 내가 "쉬어!"라고 해야 손을 내리곤 했었다. 여러 가지 놀림을 받았지만 필자는 이러한 놀림에 전혀 기죽지 않을 만큼 당당했었다. 활달하고 적극적인 성격이라 감당했다고 생각했다. 명리학을 공부하고 보니 필자는 백호살을 가지고 있고 양팔통의 아주 큰 그릇의 사주를 가지고 있었다. 그래서 이름 때문에 놀림을 받긴 했어도 그런 부분이 상처로 남아 있거나 그렇지는 않다.

하지만 자신이 굉장히 **소심한 성격**이라 남의 시선을 엄청 신경 쓰는 사람이라면 이름 때문에 **기가 눌려 살았을 수**도 있다.

잘 지어진 이름은 명품 옷을 매일 입는 것과 같다. 제대로 된 작명은 부족한 오행을 채워 주고 강점을 살려 주는 효과가 있다. 매일매일 긍정의 언어를 사용하는 것과 같다고 보면 된다. 자신의 이름을 사랑하고 어디서 불리든 당당하다면 그 기운이 모여 전체적으로 밝고 긍정적인 기운의 자신이 형성되는 것이다.

긍정적인 언어로 불리는 양파는 잘 자라고 부정적인 언어로 불리는 양파는 시들고 건강하게 자라지 못한다는 실험을 한 번쯤은 보았을 것이다.

매일 불리는 이름이 긍정의 기운을 담고 있을 때와 그렇지 않을 때 내 몸에 느껴지는 기운의 차이가 얼마나 클지는 본인이 생각해 보기 바란다.

요즘은 '긍정심리학', '말하는 대로 이루어진다.' '부자가 되는 시크릿' 등 보이지 않는 기의 세계에 대해 해박한 지식들을 가지고 있다. 이름이 불릴 때마다 이름과 나의 기운이 일체가 된다고 생각하면 이름처럼 중요한 것이 없다. 그러니 내 자녀가 탄생할 때 줄 수 있는 가장 귀한 선물이 이름이 아닐 수 없다.

이름으로 자신의 타고난 사주의 부족함을 보완하고, **자신의 이름에 대한 애정과 자부심**을 느낄 수 있다면 매일매일 불리는 이름은 **날마다 보약**을 먹어 내 몸을 튼튼하게 하는 것과 같다.

사주 오행이 한여름에 태어나 불기운인 화(火)가 많다면 이름에 화(火) 기운을 식힐 수 있는 수(水)를 넣어 화(火)를 식혀 주어야 한다. 그런데 사주를 생각하지 않고 예쁜 이름만 고려하여 화(火)에 해당하는 이름으로 작명을 했다면 불난 집에 부채질을 하는 격으로 아주 부정적이며 건강상의 문제가 올 수밖에 없다. **이처럼 이름의 효력은 나를 살릴 수도 죽일 수도 있을 정도로 크다.**

나의 운명을 뛰어넘는 좋은 이름을 짓는다는 것은 후천적 운명을 인간의 노력으로 충분히 극복할 수 있는 방법을 택한 것이다. 그러니 이름 성형에 대해 망설일 필요가 없다.

04 이름 성형(개명)이 필요한 때

필자는 개명이라는 표현보다는 이름 성형이라는 표현을 쓰고 싶다.

의복은 맘에 안 들면 하루에도 몇 번씩 벗고 얼마든지 다른 옷으로 갈아입는다. 얼굴 성형은 성형을 하고서도 맘에 안 들면 재성형까지도 감행한다.

외형적인 성형보다는 마음의 성형이 더 중요하다. 하지만 마음 성형이라는 것이 그리 쉬운가? 하루에도 수차례 요동을 치고 나도 어쩌지 못하는 것이 마음의 세상 아니던가.

이런 의미에서 필자는 이름 성형을 적극적으로 권유한다. 살다 보면 인생이 어디 내 뜻대로만 흘러가던가. 내 마음이 내 맘대로 되던가.

예기치 못한 사건과 잘못된 판단으로 인한 후회로 인생 전반이 뒤덮여 버리는 경우도 있다. 그러면서 아무도 나를 모르는 곳에 가서 새로이 살고 싶다는 리셋 증후군이 발동을 하기도 한다. 하지만 이 또한 쉬운 일이던가?

나는 열심히 사는데 이상한 결과가 나와 버리고 학창 시절 눈에 띄지도 않던 친구는 별 노력을 하지 않는데도 일이 술술 잘 풀리는 듯해 억울할 때도 있다.

이럴 때 이름 성형을 권하고 싶다. 내 사주가 안 좋은 방향으로 흘러가고 있을 때 그 물줄기를 막을 수 있는 방법, 자꾸 나에게 안 좋은 일이 반복되어 나타날 때 이럴 때 뭔가 내 삶의 분위기 쇄신이 필요하다.

농구, 축구, 배구 등 모든 경기에서 경기의 흐름이 불리하게 돌아갈 때 감독은 타임을 외친다. **이름 성형은 불리한 경기의 흐름에서 감독이 외치는 타임과 같다.** 불리한 경기임을 알고 타임을 외치는 시기가 빠를수록 좋다. 회복할 기미가 보이지 않는 다 끝나 가는 경기에서의 타임은 그야말로 타이밍을 놓친 경우가 되어 버리기 때문이다.

이름 성형에 용기가 필요한 부분이 있다. '남들이 뭐라 할까? 지금까지 이 이름으로 살아오다가 이제 와서 무슨 부귀영화를 누리겠다고…….' 하는 그런 마음도 생길 것이다. 하지만 아니다. 얼마 전 사주에 토가 4개나 있는 신금 일주의 사람이 이름 감명 신청을 해 왔다. 신금 일주는 용신보다 토다금매로 신금이라는 보석이 땅에 묻혀 버리지 않도록 소토해 주는 목(木)이 용신보다 중요하다. 더욱이 子月生(12월 겨울생)에 술시(戌時)여서 춥고 외로운 사주였다. 그래서 목화를 넣어 따뜻하게 해 주고 신금의 매금을 막으며 토를 극하는 이름으로 이름 성형을 해 주었다.

이름 성형을 했을 때 인간이라는 존재는 마음가짐부터 달라진다. 지금까지는 뭔가 잘못 살았다는 느낌이 들더라도 이름 성형을 한 후부터는 다시 잘 살아 보고 싶다는 의지와 결심이 생기는 것이다. 뭔가를 시도하지 않는다면 인생은 달라지지 않는다. 스스로 변화하겠다는 의지가 생길 때 이름 성형을 하고 새로이 다시 살아 보자.
이런 의문점이 생길 때 이름 성형을 결심해 보자.

» 뭔가 일을 추진할 때 도와주는 사람이 없다.
» 열심히 일을 해서 돈은 많이 버는데 쌓이는 것이 없다.
» 건강이 나쁘다.
» 결혼은 하고 싶은데 배우자감을 만나기 어렵다.
» 직장을 구하기 어렵다.
» 직업이 맘에 안 들고 이직하고 싶은 마음이 든다.
» 하는 일마다 꼬이고 잘 풀리지 않는다.
» 동기들은 다 승진을 하는데 나는 번번이 승진이 안 된다.
» 긍정적인 생각보다는 부정적인 생각이 먼저 든다.
» 노력한 것보다 결과물이 적은 듯 느껴진다.
» 자식과 소통이 안 되고 관계가 별로 좋지 않다.
» 일을 시작은 하는데 늘 마무리가 부족하고 결과물이 잘 안 나온다.

물론 이름 성형을 한다고 해서 드라마틱하게 인생이 바뀌지 않는다.
하지만 이름 성형을 계기로 **좋은 기운이 쌓이다 보면 전환점**을 맞이하는 사람을 많이 만나게 된다.

필자는 **이름을 제2의 운명**이라 생각한다. 사주는 내가 선택할 수 없는 선천적인 운명이고 이름은 부모님이 지어 주셨지만 내 의지대로 성형을 할 수 있는 **후천적인 운명이기 때문에 이름을 제2의 운명**이라 하는 것이다.

인생의 문제가 어디 위에 열거한 것뿐이겠는가? 기독교적인 표현을 쓴다면 인간 세상이란 원죄를 가지고 지상 낙원에서 쫓겨나 벌을 받는 곳이 아닌가.

그래서 불교에서는 "인생은 고해다."라고 표현하지 않았는가. 이러한 문제를 해결하며 힘든 이곳에서 행복을 발견하며 사는 것이 인생이다.

내 인생이니 내 맘대로 요리하며 적극적으로 살아 보자.

05 작명사마다 성명 분석이 다른 이유

요즘은 인터넷이 발달해서 너무나 다양하고 많은 앱이 존재한다. 인터넷 세상은 그야말로 박물관 같아서 내가 이런 게 있으면 좋겠다고 생각하거나 궁금한 사항이 있어서 검색해 보면 없는 것이 없다.

다양하고 원하는 정보가 다 있는 이 세상에 깜짝 놀랄 때가 자주 있다. 그런데 문제는 그 정보가 가짜 정보인지 진짜 정보인지를 분별해 내는 능력이 부족하다는 데 있다.

정보는 넘쳐 나지만 옥석을 가리기가 힘들다는 한계가 있으며 가짜가 더 진짜 같은 혼돈 속에 우리는 살고 있다. 인터넷에 작명이라고만 치면 수많은 작명소가 나온다. 저마다 자신이 최고의 작명사임을 자랑한다. 이 많은 작명소 중에서 어떤 작명소를 선택할지 혼란스럽기만 하다.

그리고 만약 소중한 내 자녀의 이름을 지었다면 그것이 진짜 잘 지어진 이름인지 확인해 보고 싶어 무료 앱을 이용하여 사주를 넣어 보거나 다른 작명소를 찾아가 확인해 보고 싶은 욕구가 생길 것이다. 무료 앱에서 감명을 받아도 결과가 다르게 나오는 경우가 많다. 앱은 다양한 사주의 구성을 다 충족하여 프로그램을 구성하기가 정말 어렵다. 그래서 인터넷이나 앱으로 보는 이름 풀이에는 한계가 있다.

전기 안마기에 누워 안마를 받는 것과 사람 손으로 안마를 받는 것과는 차이가 있는 것처럼 말이다.

내 자녀의 이름을 작명한 분이 부모든 조부모든 그분들이 명리학을 공부하신 분이 아니라면 이름을 감명받았을 때 좋은 이름으로 나올 확률은 높지 않다. 그만큼 옛날에 지은 이름들은 성명학의 기본 원칙을 놓친 부분이 많아 안타깝다. 필자 또한 딸이 둘 있는데, 태어날 때 비싼 돈을 주고 작명사에게 이름을 받았으나 명리학과 작명학을 배우고 나서 감명을 해 보고 너무나 속상했다.

작명에 대해 모르고 있었다면 속상하지도 않았을 텐데 작명사로서 개명을 하지 않을 수가 없었다.

장녀의 이름은 원형이정(元亨利貞)에서 청장년 중요한 시기에 해당하는 형(亨)의 시기가 나쁜 운이었고 음양의 조화가 맞지 않는 양양양으로 이뤄진 이름이었다.

둘째 딸은 사주에 금이 많은 사주인데 발음오행상 토생금 토생금으로 금을 생해 주는 이름이었고 원형이정도 맞지 않는 이름이었다.

딸들의 성격상 개명하는 것을 동의하지 않을 것 같아 한글은 그대로 두고 한자만 바꿔 부족한 오행을 채워 주는 방식으로 이름 성형을 하였다.

작명사마다 이름 분석이 다른 이유는 다음과 같다.

첫째, 작명사가 진짜인지를 구분해 내기가 어렵다.

사실 우리나라에는 명리를 모르면서 작명을 하는 사람이 생각보다 많다.

발음오행 정도만 알아도 작명을 할 수 있다고 생각한다. 작명을 돈벌이 수단으로만 생각하고 있는 사람이 많기 때문이다. 또 작명사가 이름을 대충 지어도 일반인은 이름을 잘 지어 주었는지 잘못 지어 주었는지를 알 수 없다. 남대문에서 산 A급 짝퉁 가방과 면세점에서 산 명품 가방을 일반인은 잘 구별하지 못하는 것과 같다. 그러니 각기 다른 감명이 나올 수밖에 없다.

둘째, 작명을 돈벌이 수단으로 보기 때문이다. 감명을 하러 온 사람은 어항 속에 든 물고기와 같다고 생각한다.

올곧은 생각을 하는 작명사가 아니고 돈을 벌고자 하는 작명사라면 제 발로 찾아온 고객을 놓치고 싶지 않을 것이다. 어떤 이유를 들어서라도 고객의 주머니에서 돈을 빼내고자 할 것이다. 그래서 다른 작명사가 지은 이름의 단점을 무조건 찾아낼 것이다.

셋째, 작명 기법이 작명사마다 다르다.

뒤에서 언급하겠지만 성명학에는 여러 학파가 있다. 그 학파마다 작명 기법이 다른데 자신이 작명하는 기법과 다르면 인정을 해 주는 것이 아니라 이름이 나쁘고 그러니 다시 지어야 한다고 얘기한다.

이러한 이유에서 작명에 대한 상식은 어느 정도 가지고 있어야 한다.

그래서 작명사에게 신생아 이름을 짓든 개명을 하든 이름이 어떻게 작명되었는지 조금은 구체적으로 설명을 들어 보는 것이 좋다.

그리고 작명사의 설명이 납득이 가고 신뢰가 가면 이제는 다른 곳에 가서 또다시 감명을 받지 말고 작명사를 믿고 감사하고 기쁘게 살아가면 된다.

 # 차별받았던 여자의 작명

성명학에서 기본으로 삼고 있는 작명 이론은 큰 틀에서 4가지 정도로 보면 된다.

첫째, **발음오행**으로 이름의 **초성 자음이 상생**되도록 한다. 상생이 되어야 무난하다.

둘째, **자원오행**으로 사주를 분석하여 이름에 부족하거나 **자신에게 좋은 오행의 한자를 찾아 넣어 작명**을 한다.

셋째, **수리오행으로 길한 수**를 이름에 넣어 작명을 한다. 81수리격을 기본으로 삼으며 성과 이름의 상명자(이름의 첫 번째 글자)와 하명자(이름의 두 번째 글자)를 조합하여 수리 4격 원형이정의 길수가 나오도록 한다. 원형이정이 길한 수로 조합이 되어야 인생이 순탄하다. 원형이정 4격이 길수가 나오도록 하는 것이 실력 있는 작명사의 역할이다.

넷째, **성명이 음양의 조화**를 이뤄야 한다.

세상의 이치가 음과 양이 조화를 이뤄야 원만한 것처럼 이름 또한 마찬가지이다. 이름이 음으로만 이루어져 있거나 양으로만 이루어져 있으면 좋지 않다. 음양의 조화를 이루고 있는 성명이 좋은 성명이다.

이 4가지 이론과 규칙에 대해서는 뒤에서 자세하게 설명하였다.

81수리격은 길수와 흉수, 중수로 나눌 수 있는데 길수 중에서도 **21, 23, 32, 33, 39**는 대길수에 해당한다. 그래서 작명을 할 때 이런 대길수를 넣어서 작명이 된다면 아주 행운이다. 그런데 **이 좋은 대길수를 여자들은 사용하지 못하도록** 하였다.

과거 남존여비 사상에 물들어 있던 시대에는 여자가 대길수를 사용하면 남편이 성공하지 못한다는 생각이 지배적이었다. 그래서 사주에서도 여자는 백호살, 괴강살, 양인살과 같은 강한 기운을 가지고 있으면 팔자가 드세다는 말을 하곤 했다.

지금 들으면 말도 안 되는 이론 같지만 불과 몇십 년 전만 해도 남성이 지배해 온 사회에는 이런 사고가 팽배해 있었다. 하지만 세월이 흘러 지금은 어떤 사회가 되었는가? 자녀의 성도 아빠나 엄마 중에서 선택할 수 있는 사회가 되었으며 여자가 능력이 있으면 집안 살림을 남자가 하고 여자는 사회생활을 하는 그런 세상이 되었다. 이제는 남녀로 구분할 것이 아니라 남녀 모두는 평등한 인간이라는 개념에서 출발하는 것이 맞다.

작명학에서 통계적으로 봤을 때 21, 23, 32, 33, 39 획수를 사용했던 여성들이 팔자가 더 나빠졌다는 통계는 그 어디에도 없다. 오히려 **대길수를 더욱 권장**해야 하는 것이고 이런 대길수를 사용한 여자 중에는 사회적으로 크게 성공한 사람이 많다. 그 예로 진선미(陳善美) 전 여성가족부 장관 원격이 21획이며 유은혜(俞銀惠) 전 교육부 장관은 형격 23획, 이격 21획이다.

요즘은 남성들은 직장이 없는 여자를 배우자로 선택하려 하지 않는다.

혼자서 가정을 이끌어 간다는 것이 너무나 어렵다는 것을 알고 있고 남성보다 더 능력 있는 여자들이 사회 곳곳에서 활약하고 있다.

앞으로 작명학을 공부하여 작명사로 활동할 분들은 이러한 구시대적인 사고에 현혹되지 말고 현시대에 맞는 작명을 하여 여성들이 진취적인 삶을 살아가도록 해야 할 것이다.

—— MEMO ——

작명의 종류(아호, 개명, 상호)

종류	해석
작명이란	» 작명이란 이름을 짓는 행위를 말하며 이름은 **아기가 태어나서 처음으로 호칭을 지어 주는 것**이다. » 이름을 생각하면 그 사람이 떠오르듯 이름은 **아기가 태어나서 처음으로 부모에게 받는 가장 큰 선물**이라 할 수 있다. » 인간의 탄생은 소우주가 탄생하는 것이며 태어날 당시 어떠한 에너지를 받고 태어나는지가 중요한데 그 에너지를 사주팔자라고 한다. » 사주팔자는 오행으로 구성되어 있으며 오행이 어떤 구조로 어느 곳에 자리하고 있는지에 따라 **길흉화복이 정해지며 선천적인 운명**이 정해진다. » 사주가 선천적으로 타고난 것이라면 작명은 후천적으로 부족한 부분을 보완해 주는 보완 학문이라 볼 수 있다. » 어찌 보면 작명은 의복이나 성형 수술과 같다. 맘에 안 들면 갈아입을 수 있는 것이고 부족한 부분을 업그레이드시킬 수 있는 것이다. » 성형 수술을 한다고 해서 다 자신이 원하는 대로 만족스럽게 성형이 되지 않는다. 작명도 마찬가지다. 어떤 작명사를 만나느냐에 따라 작명도 개명도 효과를 나타낼 수 있다.
아호 (雅號)	» 아호는 이름 대신 사용하는 것으로 옛날에는 20세 때 성인식을 하고 자(字)나 호(號)를 지어 불러 주었다. » 성년이 된 사람의 이름을 함부로 부르는 것은 상대에 대한 결례라고 여겼다. » 근대에 이르러서는 작가, 예술가, 특정인(연세가 많거나 명인인 경우)만 사용하는 것으로 인식이 되어 왔다. » 그러나 성명학에 대해 관심이 높아지면서 아호 또한 누구나 사용할 수 있다는 인식이 퍼지고 개명 대신 아호를 지어 사용하는 예도 종종 있다. » 아호는 이름 길흉과 관계없이 누구나 가질 수 있으며 사용할 수 있다. 만일 이름이 안 좋은데도 개명이 어려운 경우 아호를 지어 사용하여도 역시 개명의 효과를 기대할 수 있다.

아호 (雅號)	» 이름이든 아호든 사주에 잘 맞게 지어 사용한다면 운명을 좋게 유도하는 데 도움이 될 것이다.
개명 (이름 성형)	» 현재 사용하는 이름이 사주팔자에 맞지 않거나 이름 자체가 나쁘거나 놀림을 받아 자기 스스로 마음에 들지 않을 때 이름 성형을 하는 것이다. » 이름은 성명학자가 짓는 경우도 있지만 부모나 가족이나 친척에 의해서 부여받기 때문에 본의 아니게 자신의 사주에 나쁜 이름을 사용하는 경우가 있다. » 사주와 부합하지 않는 이름이나 자신이 좋아하지 않는 이름을 사용하게 되면 본인 스스로도 심적인 부담과 콤플렉스가 생기고 자신감이 저하되는 경우도 있고 심지어 대인 기피증이 생기는 경우도 있다. » 설령 본인이 싫어하지 않는다 하더라도 운명적으로 나쁜 작용을 하여 건강, 수명, 재복, 명예, 진로, 애정, 기타 모든 면에 나쁜 영향을 줄 수 있다. 그래서 이름이 나쁠 때는 후천적으로 다시 개명하여 사용할 필요성이 있다. » 개명을 할 때는 법적으로 개명하여 사용하는 방법이 있고 예명으로만 사용하는 방법이 있다. » 이름 성형은 외모 성형이나 의복과 같아서 본인의 날개를 펼치게 하는 이름으로 변경하여 사용할 수 있는데 굳이 자신이 위축되거나 사주에 좋지 않은 이름을 사용할 필요가 없다. » 얼굴의 성형이 아니라 마음이 성형될 수 있어야 진정한 성형인 것이다.
상호	» 상호란 어떤 사업을 시작할 때 업종·업태에 따라 이름을 지어 부르는 것을 말한다. » 상호 또한 후천적 운명에 영향을 주며 사업 흥망성쇠에 영향을 준다. 그러므로 사업주의 사주에 잘 맞게 지어야 하며 사업 특성에 따라 잘 맞춰 지어야 한다. » 예를 들어 주식회사 이름을 카페 이름처럼 지어서도 안 되며 한식집을 레스토랑 이름처럼 지어서도 안 된다. » 상호나 상표는 사람 이름과 같이 첫 느낌이 중요하고 느낌에 따라 선택 여부를 결정할 수도 있기 때문이다. » 어느 음식점에 처음 들어갈 때 상호부터 보게 된다. 그러므로 좋은 상호를 지어 사용하는 것이 가장 좋은 방법이다.

상호	» 우리가 꼭 알아야 할 것은 먼저 운명의 길흉을 살피고 자신의 그릇이 어느 정도인지, 어떤 사업이 자신에게 잘 맞는지를 정확히 살핀다. 그 후 운명에 맞게 상호를 잘 지어 사용하는 것이 가장 현명한 방법이다. » 상호가 사업의 흥망성쇠를 100%로 좌우하는 것은 아니다. » 이름과 마찬가지로 10~30%까지 영향력을 줄 수 있다.

08 작명 시 좋은 이름의 조건

김춘수 님의 「꽃」이라는 시는 이름의 의미를 너무나 잘 표현하고 있다. "내가 그의 이름을 불러 주기 전에는 그는 다만 하나의 몸짓에 지나지 않았다. 내가 그의 이름을 불러 주었을 때 그는 나에게로 와서 꽃이 되었다."라는 구절처럼 매일매일 누군가로부터 불리는 이름은 자신에게 미치는 영향이 아주 크다고 볼 수 있다. 이렇게 존재는 이름이고 이름은 존재인 것처럼 나와 이름은 불가분의 관계에 있다.

태어난 아기에게 이름을 지어 준다는 것은 엄연한 사회적인 존재로 인정해 주는 첫 번째 의식이라 할 수 있다. 평생 자신을 대변하는 이름을 잘 지어야 하는데 좋은 이름의 조건은 아래와 같다.

첫째, 사주의 부족한 부분이나 강화해야 하는 부분을 보완해야 한다.
사주상 용신, 희신 오행이나 부족한 오행에 해당하는 오행을 이름에 적용하여 사주상 단점을 보완하는 것이 매우 중요한 작명의 포인트라고 할 수 있다. 아이를 사랑하는 마음은 부모가 더 크겠지만 부모는 작명을 하는 전문가가 아니기 때문에 부모의 염원과 작명사의 전문 지식이 합쳐져서 좋은 이름이 탄생되도록 한다.

둘째, 음양오행과 수리가 맞아야 한다.

사주도 오행이 골고루 들어가 균형이 이루어졌고 한난조습이 맞는 사주를 좋은 사주라고 말한다. 어떤 사주는 음으로만 이루어져 있고 어떤 사주는 양으로만 이루어져 있다.

햇볕이 아무리 좋다 한들 365일 햇볕만 내리쬐면 사막이 되어 버리고, 비를 원할 때도 비가 너무 많이 오면 홍수가 나는 원리와 같다.

대부분의 이름이 1~5글자 사이이지만 이 안에 음과 양이 골고루 배합되어야 좋은 이름이라고 할 수 있다. 그리고 이름에 흉수가 있으면 성공을 하더라도 어렵게 성공을 하게 된다. 인생이 평탄하지 않은 것이다. 그러니 길수를 찾아 작명을 해야 한다. 이 부분이 전문가인 작명사가 하는 일이다.

셋째, 발음이 좋아야 한다.

한자 풀이로는 아주 좋은 뜻이지만 발음상 놀림감이 될 만한 이름이나 저속한 이름 등은 자라나는 아이에게 심각한 스트레스를 주어 정신 건강에 악영향을 미칠 수 있다.

필자가 운영 중인 **정담작명문화원에 '문화'라는 단어를 넣은 이유는 이름 안에 그 시대의 문화가 반영되고 있기 때문이다.** 이름만 들어도 그 사람의 나이가 어느 정도 짐작이 가능하다. 지금은 굉장히 촌스럽고, 왜 이름을 그렇게 지었지 하는 생각이 드는 이름이 많은데 그 시대에는 전부 그런 이름을 사용하는 문화였다. 그래서 이름은 시대와 문화에 맞게 지어야 만족할 수 있다.

넷째, 좋은 의미의 뜻을 담고 있어야 한다.

한자는 뜻글자이므로 좋은 뜻의 이름을 짓는 것이 좋다. 가수는 자신이 부르는 노래대로 운명을 살게 된다는 말이 있다. 이름 안에 좋은 뜻이 담기도록 이름을 짓고 좋은 뜻을 새기며 살다 보면 이름대로 살게 된다. 일종의 긍정 심리학이다.

다섯째, 지나치게 복잡한 한자나 뜻이 애매한 한자는 사용하지 않는 것이 좋다.

지금 세대의 사람들은 한자에 익숙하지 않다. 한자를 잘 사용하지도 않는데 복잡한 한자를 사용하거나 뜻이 애매한 한자를 사용하다 보면 혼동을 줄 수 있다.

대학생들에게 부모님과 자신의 이름을 한자로 써 보라고 하니 일류 대학생 상당수가 쓰지 못했다고 한다. 이름에 굳이 획수가 많고 다중적 의미를 갖는 한자를 사용할 필요는 없다.

여섯째, 기억하기 좋은 이름이 좋다.

이름이 너무 복잡하면 사람들의 머리에 남기 어렵다. 쉽게 기억할 수 있는 이름일수록 친근감을 느끼게 되고 여러 사람을 상대하더라도 좋은 인상을 줄 수 있다

자신의 타고난 적성을 잘 살펴서 남에게 쉽게 각인될 수 있는 이름이 중요한 것이다.

일곱째, 현대적 감각의 세련미가 있어야 한다.

이름만 들어도 왠지 이 사람은 세련된 사람일 것 같다는 느낌이 들 때가 있다. 어떤 이름은 왠지 융통성이 없고 고리타분한 사람일 것 같은 느낌이 든다.

이처럼 이름은 그 사람을 직접 만나지 않고 이름을 듣는 것만으로도 충분한 선입견을 가지게 한다.

사주의 단점을 보완하는 작명학의 원리

용신, 희신에 의한 보완 (자원오행에 보완)	» 사주의 용신, 희신 오행을 보완하는 것이다. 예) 용신과 희신이 목(木), 화(火)이면 목화 적용
부족한 오행에 의한 보완 (발음오행에 보완)	» 사주에 부족한 오행을 보완하는 것이다. 예) 부족한 오행이 수(水), 목(木)이면 수목을 적용
과다(多字)	» 사주에 과다한 오행은 설기시켜 주거나 극을 해 준다. 예) 과다한 오행이 목이면 목생화, 목극토, 금극목(화, 토, 금)을 적용한다.
없는 오행(無字)	» 사주에 없는 오행이 있다면 용신, 희신보다 없는 오행을 적용하여 오행이 원만하게 순환, 상생할 수 있도록 자원오행과 발음오행으로 도와준다. 예) 목 오행이 없고 나머지 오행이 골고루 있으면 목 오행과 목 오행을 생하여 주는 수 오행을 하나씩 넣어 주면 좋다. 예) 목과 금이 없으면 목과 금 오행을 각각 하나씩 넣어 준다. 즉, 통관용신을 자원오행으로 삼는다.
고립	» 사주에 용신이 고립되어 있거나 고립된 오행이 있으면 고립된 오행을 사용하거나 생하는 오행을 사용하여 고립을 풀어 준다. 예) 목이 고립되어 있으면 목을 사용하거나 수를 사용하여 목을 생하여 준다.

10 작명학의 종류

작명학의 종류는 아래에 나열한 것 외에도 다양하다. 이 학파를 주장하는 사람은 나름대로 이 분야에서 공부한 사람이고 나름의 이론을 가지고 주장하는 것이기 때문에 옳고 그름을 논하기 어렵다.

작명하는 사람이 판단하여 작명하는 것이다.

수리 성명학	» 원(元) 형(亨) 이(利) 정(貞)의 사격을 가지고 81수리의 조견표에 비교하여 운명을 풀어 가는 방법이다.
음양 성명학	» 음양 성명학은 성명의 획수가 짝수인 2, 4, 6, 8, 10획은 음이고 1, 3, 5, 7, 9획은 양으로 음양의 조화가 이루어지도록 작명하는 방법을 말한다.
용신 성명학	» 타고난 사주팔자에 필요한 오행을 찾아 필요한 오행을 자원오행이나 발음오행으로 보완하여 성명을 작명하는 방법이다.
측자파자 성명학	» 성명의 글자 한 자 한 자를 측자하거나 파자해 나가면서 길흉을 판단해 나가는 방법이다.
성격 성명학	» 사주학의 육신은 비견, 겁재, 식신, 상관, 편재, 정재, 편관, 정관, 편인, 정인의 10가지 유형의 성격을 분류하여 이에 따라 작명하는 방법이다.
오행 성명학	» 성명의 자원오행, 발음오행, 수리오행 등을 가지고 오행의 상생과 상극, 비화의 원리를 살펴 작명하는 방법이다.
육효 성명학	» 운명의 순간적인 점을 치는 육효인 청룡, 주작, 구진, 등사, 백호, 현무 여섯 가지의 육수를 가지고 작명하는 방법이다.
주역 성명학	» 주역의 64괘를 활용하여 성명의 획수를 주역의 팔괘로 바꾸고 이것을 64괘로 바꾸어 운명을 풀어 가는 방법이다.

좋은 이름 모음(여러 원칙 중 초성 자음 발음 기준)

발음	오행	이름
ㄱ	木	가경 강규 강근 강모 강민 강백 강태 강택 강필 건도 건모 건표 경규 경균 경남 경대 경도 경륜 경모 경무 경백 경복 경빈 경율 경태 경택 경표 경필 공명 공민 교묵 국길 국도 국만 국태 군길 군모 규강 규건 규경 규광 규람 규로 규리 규만 규민 규백 규범 규빈 규탁 규태 기남 기담 기동 기룡 기륭 기문 기민 기백 기복 기봉 기탁 기태 기택 기표
ㄴ	火	나경 나리 나영 나우 나희 난경 난영 난욱 난호 남경 남기 남도 남룡 남연 남이 남익 남인 남헌 남혁 남현 남호 남훈 남희 내경 내정 내형
ㄷ	火	다람 다연 다영 다예 다원 다은 다인 다일 다현 다혜 다호 다환 대건 대권 대규 대근 대기 대길 대동 대로 대언 대엽 대영 대용 대우 대운 대원 대하 대한 대허 대현 대협 대형 대호 대훈 대희 덕원 도현 도형 도훈 동건 동관 동광 동구 동권 동규 동근 동기 동길 동륜 동률 동연 동엽 동영 동오 동우 동운 동원 동윤 동주 동하 동학 동해 동헌 동현 동협 동호 동화 동훈 동희 두연 두열 두영 두원 두하 두학 두한 두헌 두혁 두현 두협 두형 두호 두홍 두환 두희
ㅁ	水	명기 명성 명진 모준 모찬 목준 목찬 무길 무민 무선 무찬 무창 문국 미강 미광 미권 미범 미선 미성 미송 미준 민강 민건 민걸 민경 민관 민광 민교 민구 민규 민근 민기 민길 민배 민백 민범 민상 민서 민석 민선 민성 민송 민수 민승 민재 민정 민제 민조 민종 민준 민지 민찬 민창 민채 민철

ㅂ	水	반석 배문 백강 백광 백규 백민 백범 백산 백삼 백상 백선 백송 백준 백찬 백철 범근 범기 범길 범모 범식 범준 범진 범찬 범천 범철 병걸 병관 병국 병권 병규 병기 병길 병만 병모 병민 병서 병석 병선 병섭 병수 병식 병재 병조 병주 병준 병지 병진 병찬 병창 병채 병천 병철 병필 보경 보광 보길 보민 보배 보빈 보준 본광 본규 본근 본기 본길 본무 본서 본석 본승 본주 본준 본찬 본창 봉수 봉천 부광 부길 부민 부석 부선 부성 부송 부찬 부창 비강 비건 비산 비삼 비선 비성 비창
ㅅ	金	사미 사범 사빈 사열 사영 사준 사호 사홍 산호 산오 산우 산일 산호 삼우 삼욱 삼운 삼원 삼윤 삼재 삼정 삼준 삼헌 삼혁 삼현 삼호 상모 상무 상문 상민 상배 상백 상봉 상빈 상선 상수 상아 상연 상열 상영 상오 상우 상욱 상운 상원 상유 상윤 상은 상익 상인 상일 상재 상준 상진 상철 상필 상학 상헌 상혁 상현 상호 상환 서빈 서양 서연 서영 서욱 서원 서윤 서은 서일 서일 서정 서준 서진 서찬 서창 서필 서하 서현 서호 서홍 서환 서훈 서희 석모 석무 석문 석민 석봉 석수 석영 석오 석우 석운 석원 석윤 석인 석일 석주 석준 석진 석찬 석하 석헌 석혁 석호 석환 석훈 선모 선빈 선영 선오 선용 선우 선운 선일 선진 선찬 선필 선혜 선호 선환 선훈 성모 성무 성묵 성문 성민 성배 성빈 성수 성식 성신 성아 성안 성연 성열 성오 성용 성우 성운 성원 성윤 성은 성인 성일 성재 성주 성준 성진 성찬 성철 성필 성헌 성현 성호 성화 성환 성훈 세빈 세연 세왕 세은 세인 세일 세진 세찬 세현 세호 세화 세환 세훈 소민 소범 소언 소연 소영 소일 소정 소준 소진 소찬 소현 소형 소환 소훈 손호 손환 송민 송연 송열 송우 송욱 송운 송원 송윤 송이 송재 송주 송준 송찬 송하 송헌 송호 송환 송회 송훈 수민 수백 수빈 수석 수아 수양 수연 수열 수영 수예 수용 수운 수웅 수원 수유 수인 수일 수정 수종 수준 수진 수찬 수창 수철 수하 수헌 수혁 수현 수혜 수호 수홍 수환 수황 수훈 순민 순빈 순식 순신 순양 순열 순영 순오 순용 순우 순욱 순일 순재 순찬 순창 순필 순하 순헌 순혁 순현 순호 순홍 순환 승빈 승선 승연 승오 승은 승이 승인 승종 승주 승준 승진 승학 승환 승희 시연 시영 시완 시원 시윤 시준 시진 시찬 시형 시환 시훈 신민 신석 신성 신안 신양 신연 신열 신영 신예 신오 신용 신우 신욱 신원 신일 신조 신준 신찬 신철 신현 신호 신홍 신화 신환

ㅇ	土	아승 아연 아영 아진 안오 안중 양우 양운 양원 양윤 양재 양호 양환 연진 연남 연두 연서 연선 연수 연오 연우 연운 연일 연준 연중 연진 연태 연호 열호 영서 영수 영승 영우 영운 영윤 영재 영중 영호 영환 예리 예림 예서 예원 예일 예종 예준 예지 예진 오준 완우 와운 용준 용오 용우 용인 용일 용재 용천 용태 용환 우노 우도 우람 우렴 우석 우성 우승 우식 우열 우영 우용 우원 우윤 우인 우일 우재 우종 우준 우진 우창 우천 우철 우탄 우태
ㅇ	土	우혁 우호 운상 운승 운오 운우 운원 운일 운재 운천 운태 웅우 웅인 웅재 웅천 웅태 웅호 원상 원석 원오 원종 원진 원철 원태 원호 원효 유나 유람 유리 유상 유선 유성 유수 유승 유영 유오 유운 유원 유윤 유인 유일 유임 유재 유정 유조 유중 유진 유찬 유천 유철 유태 유항 유호 유환 윤상 윤서 윤석 윤선 윤소 윤수 윤승 윤오 윤우 윤일 윤재 윤조 윤중 윤창 윤천 윤태 윤형 윤호 윤환 윤효 율우 은대 은도 은상 은서 은환 의서 의선 의수 의진 의환 이나 이도 이륜 이림 이서 이석 이성 이열 이영 이웅 이워 이재 이정 이준 이증 이지 이진 이창 이철 이현 이화 이환 인량 인서 인석 인선 인성 인수 인열 인오 인요 인용 인우 인웅 인원 인유 인재 인준 인중 인직 인진 인창 이철 인태 인한 인항 인혁 인호 인훈 일오 일원 일윤 일재 일천 일태 일훈 임오 임우 임천 임태 임환
ㅈ	金	자빈 자예 자용 자혁 자호 자환 장번 장복 장빈 장선 장안 장연 장오 장용 장우 장운 장원 장윤 장일 장이 장준 장진 장찬 장필 장학 장혁 장호 장환 장호 장훈 재문 재민 재벽 재빈 재서 재선 재연 재오 재완 재용 재우 재욱 재운 재웅 재원 재유 재윤 재익 재인 재일 재준 재진 재찬 재창 재필 재혁 재형 재호 재환 재효 재훈 전윤 전훈 정만 정민 정배 정범 정빈 정서 정선 정섭 정수 정열 정엽 정영 정예 정완 정요 정용 정우 정원 정유 정윤 정의 정인 정일 정재 정준 정찬 정천 정철 정필 정하 정혁 정현 정호 정환 정효 정훈 제빈 제성 제용 제우 제욱 제웅 제원 재유 재윤 재익 재인 재일 재준 재진 재찬 재창 재필 재혁 재형 재호 재환 재효 재훈 전윤 전훈 정만 정민

		정배 정범 정빈 정서 정선 정선 정섭 정수 정열 정엽 정영 정예 정완 정요 정용 정우 정원 정유 정윤 정의 정인 정일 정재 정준 정찬 정천 정철 정필 정하 정혁 정현 정호 정환 정효 정훈 제빈 제성 제용 제우 제원 제준 제진 제찬 제혁 제환 제훈 조서 조운 제원 조윤 조인 조일 종연 종오 종우 종원 종윤 종인 종일 종학 종호 종환 종효 종훈 좌준 좌혁 주효 주백 주빈 주상 주서 주선 주영 주용 주원 주윤 주이 주일 주청 주필 주혁 주형 주호 주환 주훈 준모 준민 준오 준우 준원 준일 준필 준형 준호 준환 중민 중우 중원 중현 중호 지민 지빈 지서 지선 지섭 지수 지언 지연 지영 지요 지오 지용 지우 지욱 지운 지원 지유 지윤 지은 지응 지익 지일 지준 지혁 지형 지호 지홍 지환 지훈 진명 진모 진문 진민 진영 진오 진우 진운 진원 진일 진필 진형 진호 진환
ㅊ	金	차빈 차연 차준 차혁 차현 차환 차훈 창무 창복 창연 창우 창욱 창운 창윤 창조 창현 창호 창환 창희 채문 채성 채송 채연 채우 채윤 채은 채정 채필 채환 채희 천용 천우 천운 천준 천혁 천환 천훈 철오 철원 철윤 철형 철호 철환 청모 청무 청문 청오 청운 청원 청윤 청호 청환 초 추원 추윤 추호 추환 충원
ㅌ	火	태근 태길 태롱 태륜 태륭 태림 태영 태오 태용 태우 태운 태원 태윤 태융 태익 태인 태한 태혁 태호 태홍 태후 태훈 태희 판견 판규 판석 판섭 판성 판승 판식 평진 포규 포겸 표묵 표문 표섭 표성 필규 필묵 필범 필성 필승
ㅎ	土	하승 하운 하윤 하일 하재 하태 한수 한승 한오 한원 한윤 항우 항원 항윤 항인 항일 항재 해서 해선 해수 해인 해준 해환 향선 헌환 현서 현석 현선 현성 현수 현섭 현승 현우 현호 형우 형주 형철 형필 형환 혜승 혜우 혜일 혜천 혜호 혜환 호섭 호승 호운 호원 호영 호윤 호인 호일 호임 호재 호정 호제 호준 호철 호환 화령 화선 환승 환원 환윤 환인 환재 효곤 효상 효서 훈승 훈오 후원 후윤 훈일 훈재 훈항 훈호 훈호 희승 희오 희우 희운 희원 희윤 희일 희재 희천 희태

12 작명 시 필요한 6가지 필수 요건

아래와 같은 조건에 모두 부합하는 이름이 좋은 이름이다.
다음 장부터 작명 시 필요한 6가지 필수 요건을 각각 살펴보기로 한다.

요건	의미
문자의 의미	» 인물의 느낌, 용모, 기질, 인품에 영향을 준다. » 이름을 들으면 그 사람의 모습이 형상화되며 각인된다. » 작명사는 이름의 의미를 잘 부여하여 자긍심을 가지고 살아갈 수 있도록 해야 한다.
음양오행	» 이름이 음양의 조화를 이루면 순조롭게 순환하지만 음양이 부조화를 이루게 되면 여러 가지 부정적인 작용이 발생한다. » 이름에 음양의 조화를 맞추고자 하는 것은 순환, 상생의 원리에 의한다. » 이 세상도 남녀가 어울려 살아가듯 이름에도 음과 양이 골고루 섞여 있어야만 조화를 이룬 것으로 본다.
발음오행	» 소리가 나면 소리의 생명이 움직인다. » 생명이 움직이면 행동을 지배하니, 발음의 긍정적 에너지와 부정적 에너지가 당사자에게 직접적인 영향을 미친다. » 이러한 발음 소리의 작용은 생명이 있다고 보는 것이다.
자원오행	» 자원오행은 인품의 기질과 마음가짐, 정신을 지배한다. » 인생에 영향을 미치는 것은 정신이기에 자원오행은 매우 중요하다. » 그래서 반드시 사주 8글자를 살펴보고 과다와 고립, 무존재, 통근의 여부를 보고 사주의 부족한 부분을 자원오행으로 보완해 주어야 한다. » 이 자원오행이 잘 보완되어야 제2의 운명인 후천 운명이 수리와 함께 순환, 상생하며 원만하게 흘러가게 되는 것이다.

81수리오행	» 수리는 우주의 기운이라고 생각하였다. » 9X9=81, 9수의 곱인 81수의 신비한 영동력으로 수의 기운이 좌우한다고 생각하는 것이다.
원형이정	» 성명은 유년, 청년, 장년, 말년 각각의 운기에 의하여 길과 흉으로 나눠진다. » 사주의 근묘화실론과 같이 시기별로 운세, 건강에 대한 지배력을 가진다.

—— MEMO ——

첫 작명의 기억

몇 년의 시간이 흘러도 명리학은 어렵기만 했다. 금방 알 것 같다가도 어느 순간엔 아무것도 모르는 것 같은 절망감을 안겨 주기 일쑤였다.

왜 끝도 없이 어려운 학문에 도전을 했나 후회한 적도 있었다. 하지만 손을 놓지 못하게 마력 같은 힘으로 잡아끄는 것 또한 명리학이었다. 나에겐…….

그러던 어느 날, 명리학 수업 시간에 작명에 대한 강의를 듣게 되었다. 그때는 이름의 중요성을 모르던 시절이었다. 아이들 이름을 비싼 비용을 지불하고 지었지만, 이름의 의미를 마음에 두지 않았다. 그런데 이름이 제2의 운명이라 할 수 있을 정도로 중요한 것이며 명리학을 알아야만 작명을 할 수 있다는 말에 호기심이 일기 시작했다.

그날 당장 작명책을 구입했다. 명리학에 대한 토대가 있었기 때문에, 작명에 대한 이론이 쉽게 이해가 되었다. 전문적으로 작명 공부를 하고 싶다는 생각이 들었다. 이후 작명사 자격증을 취득하고, 내 이름과 가족의 이름 그리고 주변 사람들의 이름을 분석하면서 작명에 심취했다. 먼저 '호'부터 시작했다. 남편과 아이들의 사주를 분석하여 하나하나 호를 지어 주는 것이 나 자신에게 동기 부여도 되고 적잖이 흥미로웠다.

자원오행과 수리오행이 딱 맞을 때의 기분은 어려운 확률과 통계를 풀었을 때 주는 기쁨과 같았다. 이처럼 작명은 내게 매력적으로 다가왔다. 매일 작명을 하면서 신이 나 있던 어느 날 고등학교 동창 모임이 있었다.

몇 년 동안 명리학을 공부했어도 친구들의 사주를 섣불리 봐 준 적이 없었다.

그날 우연히, 작명사 자격증을 취득했고 작명을 하고 있다는 이야기를 하게 되었다. 반응이 신기했다. 너도나도 이름을 풀어 봐 달라는 것이었다. 무료 앱을 이용해 친구들의 이름을 분석해 주었다. 시간 가는 줄도 모르고…….

동창들과 헤어지고 집에 왔는데, 한 친구에게서 전화가 왔다. 자기 가족 4명의 이름을 전부 감명해 달라는 부탁과 함께 친구는 개명이 필요하면 개명을 하겠다고 했다. 작명 이론에 충실하게 여러 명의 호와 가족의 이름은 지어 봤지만, 정식으로 작명 요청을 받은 것은 처음이었다. '잘할 수 있을까?' 좀 두려운 마음이 들었다.

그래서 친구에게 개명은 중요한건데 작명 공부를 시작한 지 얼마 안 되는 나를 믿을 수 있겠냐며 물었다.

"정희야! 너랑 나랑 40년 된 친구인데 내가 너를 모르니? 네가 얼마나 열심히 공부하고 성실히 살아온 사람인지 다 아는데, 그런 널 안 믿으면 세상의 누굴 믿니? 난 널 믿어!" 그때 그 친구의 대답은 지금까지 나에게 용기로 남아 있다.

새벽에 일어나 기도하는 마음으로 작명을 했다. 아들과 딸의 이름은 발음오행이 맞는 상태여서 자원오행과 수리오행만 맞추면 되었다. 친구는 원형이정에서 형이 흉수였으나 이미 형의 기간은 지나왔고 말년 운이 좋았다. 하여, 부족한 오행을 보충해 줄 수 있는 호(號)를 지어 주었다. 남편은 작고하신 아버지가 명리학자였던 관계로 개명할 필요가 없었다. 작명의 결과는 대만족이었다. 개명 덕택인지 얼마 지나지 않아 딸이 공무원 시험에 합격했다는 소식을 전해 왔다. 정성이 통했던 것일까. 그 친구가 여기저기 소문을 내 주었다. 그게 발판이 되었다.

그 친구의 소개로 또 다른 가족, 3명의 개명을 하게 되었다.

딸의 사주를 보니 비겁이 과다했다. 심지어 대운과 세운이 모두 비겁이었다. 딸이 친구 문제나 주변 사람과의 관계로 힘들어하지 않았느냐고 물었더니, 학교에서 왕따를 당했고 고등학교를 자퇴했다고 했다. 안 좋은 일이 계속 겹쳐 힘들게 지내는 중이라, 뭔가 변화가 필요하여 개명을 생각하게 됐다는 것이다. 이름을 보니 발음오행과 자원, 수리 모두가 맞지 않는 상태였다. 딸이 힘들어하니, 개명을 의뢰한 어머니마저 우울증을 앓고 있었다. 남편은 실직 상태나 다름없었다. 온 가족이 뭔가 돌파구를 찾고 싶었던 것 같다. 정말 이 가정에 희망을 주고 싶다는 간절한 마음으로 이름을 지었다.

의뢰한 어머니는 개명한 이름이 아주 맘에 들고, 잘 움직이지도 않던 딸이 혼자 개명 신청을 하고 왔다고 기뻐했다. 개명 이후 딸의 성격이 무척 밝아졌고 적극적으로 변했다고도 했다. 그리고 딸이 밝아지고 좋아지니 온 가족이 다 함께 행복하다고 거듭 고마움을 표했다.

작명이 이렇게 한 가정을 살릴 수도 있고, 수없이 많은 감사를 받기도 하는 일이라는 것을 알게 되었다. 첫 작명의 기쁨과 뿌듯한 기억을 안고 지금까지 달려왔다. 학교 퇴직 이후 존재의 이유와 향방을 놓고 오래 시달리던 나는 작명사가 된 이후 고객들로부터 이러한 피드백을 들으며 점점 더 성장해 가고 있다.

뒤늦게 설레는 미래를 안겨 준 직업 작명사, 행복하다.

- 작명사 정담이 행복한 새벽에 -

음양오행 — 2장

01 음양의 개념

우주 만물은 모두 음과 양으로 이루어져 있다. 양을 분석하면 양이 다시 음양으로 나눠지고 그 음양을 나누면 다시 음양으로 나눠진다.

양이 없다면 음이 없고 음이 없다면 양이 없다. 서로 상반되는 개념이지만 하나의 양이 존재하기에 음 또한 존재하게 되는 것이라 보면 된다.

그 음양이 서로 간에 조화를 이루며 살아갈 때 순환, 상생이 순조롭게 이루어진다. 어떤 것이든 **한쪽으로 치우치게 되면 거기서 문제가 발생**하는 것이고 선천 운명인 사주에서도 이와 같은 원리는 똑같이 적용이 된다.

사주에서도 치우침이 없이 균형을 이루는 사주를 좋은 사주라 한다. 용신의 개념도 치우진 오행의 균형을 맞춰 주는 오행을 말한다.

성명학에서는 이름이 모두 **양으로 구성되어 있다면 하늘은 있지만 땅이 없는 것과 같다고 생각한다.** 활동적이고 정신력은 강하나 차분하게 생각하는 면모가 부족하여 실패가 많으며, 빈곤하고 단명하는 이름으로 간주한다.

반대로 **모두 음으로 구성되는 경우엔 추진력과 독립심이 부족하고 고독하거나 빈곤하며 질병이 많이 발생**하여 단명한다고 본다. 즉, **성명학은 음양이 잘 배합되고 조화를 이루어야만 성공하고 건강하며 행복한 장수**를 누릴 수 있다고 본다.

음양을 쉽게 생각하면, 하늘은 양이고 땅은 음이다. 태양은 양이며 달은 음이다. 남자는 양이고 여자는 음이다. 군주는 양이고 신하는 음이다.

적극적인 것은 양이고 소극적인 것은 음이다. **숫자적으로는 1, 3, 5, 7, 9 홀수는 양이고 2, 4, 6, 8, 10 짝수는 음**이다. 세상 모든 만물의 이치는 음양으로 구분된다고 본다.

02 제2의 운명, 성명학의 가치

세상 모든 우주 만물은 음양의 조화로 이루어져 있다.

인간 또한 태어나면서부터 사주를 가지게 되며 사주는 음과 양으로 구분된다. 사주가 **음(陰) 성분이 강하게 되면 성격이 소심하고 신중하며 치밀하고 얌전한 성향을 보이며 양(陽)의 성분이 강하면 대범하고 적극적이며 밝은 성향으로 표출**이 된다.

성명학은 사주에 근본을 두면서 음양오행과 발음오행, 자원오행, 수리로 사주의 균형을 맞춰 주고 음양의 조화를 이루어 평화롭고 발전적인 삶을 살 수 있도록 **사주를 보완해 주는 보완 학문**이라 할 수 있다. 부족한 것과 과한 것을 조절해 주어 한층 행복한 삶을 살 수 있도록 돕는 것이 성명학의 가치와 의의라고 할 수 있다.

03 성명학 음양오행의 배열법

사람의 성격도 원만하고 둥글어 무난한 성격이 편안하다.

세상에 남자와 여자가 함께 살아가는 것도 음양의 조화이며 밤과 낮이 공존하는 것도 음양의 조화라고 볼 수 있다. 이처럼 이름도 **음과 양만으로 치우쳐 있으면 그것을 나쁜 음양 배열**로 여긴다. 이름은 **음과 양이 골고루, 적절하게 배치가 되어야 좋은 이름**이라 할 수 있다.

		느낌	» 여성적이다. 어둡다. 약하다. 느리다. 소극적이다. 의존적이다. 수동적이다. 차갑다.
● 음수		숫자	» 자연수에서 2, 4, 6, 8, 10 등으로 짝수에 해당하는 수를 말한다.
		모음	» ㅓ, ㅕ, ㅜ, ㅠ, ㅡ, ㅣ
○ 양수		느낌	» 남성적이다. 밝다. 강하다. 빠르다. 적극적이다. 독립적이다. 능동적이다. 강렬하다.
		숫자	» 자연수에서 1, 3, 5, 7, 9 등으로 홀수에 해당하는 수를 말한다.
		모음	» ㅏ, ㅑ, ㅗ, ㅛ

1. 좋은 음양 배열

이름 2자	●○			○●		
이름 3자	●●○	○●●	○○●	●○○	○●○	●○●
이름 4자	○○○●	●●●○	○●●○	○●○●	●○○●	●○○○

2. 나쁜 음양 배열

이름 2자	○○	●●
이름 3자	○○○	●●●
이름 4자	○○○○	●●●●

04 오행의 개념

바로 앞에서 음과 양이 어떤 의미인지에 대해 기술하였으니 음양오행에서 오행은 무엇인지 알아보도록 하겠다. 오행이란 목, 화, 토, 금, 수 다섯 가지를 말하며 각각 배속된 의미가 다르다.

기본적으로 오행은 아래 도표의 의미를 가지고 있음을 인식하고 있어야 한다. 선천운명인 사주는 오행의 구성에 따라 달라지는 것이며 오행의 의미를 정확하게 알고 있어야 사주를 감명할 수 있다. 자신의 사주가 어떻게 구성되어 있는지를 알아야 한다. 사주를 보면 성격을 알 수가 있고 사주를 이해하면 지금까지 자신의 성격을 이해할 수 있게 된다. 자신뿐만 아니라 상대의 사주를 알고 있다면 상대를 이해하는 게 너무나 도움이 되는 학문이 명리학이다. 요즘은 자신의 사주를 볼 수 있는 만세력이 발달(천을 귀인, 하늘도마뱀, 원광만세력 등)해 있으니 자신의 사주를 찾아보고 남보다 자신을 이해하는 데 도움을 받길 바란다.

사주와 작명학은 불가분의 관계이기 때문에 오행에 관한 이해는 필수이다. 과다, 고립, 무존재에 대한 이해가 있어야 올바른 작명을 할 수 있기에 오행의 이해는 매우 중요하다. 이런 기본적인 이해가 있어야 이름에 왜 이런 자원오행을 썼는지 쉽게 이해할 수 있다.

하지만 이 책은 명리학 서적이 아니기 때문에 기본적인 것 외에 자세한 언급은 불가능하고 명리학에 대해 더 자세히 알고 싶다면 필자가 저술한 『명리적성 비법노트』를 참고하기 바란다. 지금부터 오행에 관한 기본 이해를 돕기 위해 각각의 의미가 무엇인지 파악해 보도록 하겠다.

구분	木(仁)	火(禮)	土(信)	金(義)	水(智)
계절	봄	여름	환절기	가을	겨울
온도	따뜻함	뜨거움		서늘함	차가움
하루	아침	낮	사이	저녁	밤
인생	유년기	청년기	중년기	장년기	노년기
방향	동	남	중앙	서	북
색상	청색	적색	황색	백색	흑색
맛	신맛	쓴맛	단맛	매운맛	짠맛
숫자	3, 8	2, 7	5, 10	4, 9	1, 6
건강	간 담(쓸개) 췌장 뼈 » 움직임 » 반응	순환계 심혈관계 안과 정신과 » 순환 » 전달 » 표현	근육계 생식기계 비장 위장 유방 비뇨기 » 연결 » 전달 » 조정	골격계 호흡기계 피부계 대장 폐 뼈 » 분리	비뇨기계 혈액계 체액(눈물, 콧물) 신장 우울증 불면증 두통 » 체액 » 저장 » 배설
발음	ㄱ ㅋ	ㄴ ㄷ ㄹ ㅌ	ㅇ ㅎ	ㅅ ㅈ ㅊ	ㅁ ㅂ ㅍ
일반 특성	어짊, 강직, 인정, 명예욕	명랑, 예의, 성급함	믿음, 고집, 끈기	완벽, 예민, 개혁	총명, 지혜, 기획력, 우유부단

06 오행의 상생과 상극

오행은 기본적인 오행의 성격을 가지고 있으면서 두 개의 오행이 만나 서로 도와주는 (상생) 오행이 있고 힘을 빼는(상극) 오행이 있다.

상생을 하는 것은 좋고 상극을 하는 관계는 나쁘다고 할 수 없다.

예를 들어 화 오행이 과다한데 화를 상생해 주는 목이 와서 목생화를 하면 그것은 불난 집에 부채질을 하는 격이라 부정적이다.

화 오행이 많으면 오히려 화의 힘을 빼는 토, 수, 금이 와서 화의 힘을 약화시켜 주는 것이 바람직하다. 또한 오행과 오행이 만나 서로 다른 오행을 만들어 내기도 하고 합하여 다른 오행으로 변화시키는 작용을 하기도 한다. 오행의 생극제화를 잘 해석하는 것이 사주 풀이를 잘하는 지름길이다.

오행	풀이
오행의 속성	» 木: 기본에서 벗어나지 않으면서 뻗어 나가려는 의지, 의욕, 명예, 성장 등을 상징한다. » 火: 타오르고 솟아오르는 열정, 정열, 자신감 등을 상징한다. » 土: 만물을 중재하고 포용하며 중용, 고집, 끈기 등을 상징한다. » 金: 안으로 강하게 다지는 의지, 절제, 단단함을 상징한다. » 水: 땅속에 스며들어 계속 흘러가는 것처럼 생각, 지혜, 욕망, 본능 등을 상징한다.
오행의 상생	» 木生火: 나무는 자신을 살려 불을 태운다. » 火生土: 불이 타면서 재가 되어 흙으로 돌아간다. » 土生金: 흙 속에서 바위와 금속이 생성된다. » 金生水: 바위 속에서 물이 나온다. » 水生木: 물은 나무에 수분을 주어 나무를 자라게 한다.

오행의 상극	» 木剋土: 나무는 뿌리로 흙을 잡아 준다. » 土剋水: 흙은 둑이 되어 물을 가두어 둔다. » 水剋火: 물은 불을 꺼지게 한다. » 火剋金: 불은 쇠(바위)를 녹인다. » 金剋木: 쇠(바위)는 나무를 자른다.
특정 오행이 약할 때	» 특정 오행이 약하면 생해 주든지 비화시켜 특정 오행을 강하게 하고 극하는 오행이 강해서 특정 오행이 약한 경우에는 극하는 오행을 설기시켜 주는 방법이 있다.
특정 오행이 강할 때	» 목이 강할 경우: 목을 화로 설기시키거나 금으로 극을 해 준다. » 화가 강할 경우: 화를 토로 설기시키거나 수로 극을 해 준다. » 토가 강할 경우: 토를 금으로 설기시키거나 목으로 극을 해 준다. » 금이 강할 경우: 금을 수로 설기시키거나 화로 극을 해 준다. » 수가 강할 경우: 수를 목으로 설기시키거나 토로 극을 해 준다.

—— MEMO ——

07 작명 시 오행의 상생 배열

　사주에서 음양의 배열이 물 흐르듯 상생을 하며 원활하게 흘러가면 인생도 순조롭게 흘러가게 된다. 상생이란 목생화, 화생토, 토생금, 금생수와 같이 생하여 주는 구조를 말하는데 성명이 초성 발음상 상생 구조로 배열되어야 좋은 배열이라 할 수 있다.

　작명을 할 때 발음오행의 상생은 타고난 성씨가 있기 때문에 상생을 할 수 있는 오행의 한계가 있다. 따라서 **발음오행에서 해결할 수 없던 문제를 자원오행을 통해 보완하게 된다.**

木	木木水	木木火	木水木	木水水	木火木	木火火	木火土	木水金
火	火木木	火木水	火木火	火火木	火火土	火土金	火土火	火土土
土	土金金	土金水	土金土	土火木	土火火	土火土	土土金	土土火
金	金金水	金金土	金水金	金水木	金水水	金土金	金土火	金土土
水	水金金	水金水	水金土	水木木	水木水	水木火	水水金	水水木

작명 시 오행의 상극 배열

　상극은 상생과는 반대로 자연스럽게 순환하는 것이 아니라 분해하고 파괴하고 거스르려는 속성이 있다. 그래서 어떤 일을 할 때 순탄하지 않고 고난이 따를 수 있다. 가능하면 성명의 배열이 상극이 되는 것은 피해야 한다.

木	木土水	木金火	木木土	木土土	木金金	木木金	木土木	木金木
火	火金木	火水土	火火金	火金金	火水水	火火水	火金火	火水火
土	土水火	土木金	土土水	土水水	土木木	土土木	土水土	土木土
金	金木土	金火水	金金木	金木木	金火火	金金火	金木金	金火金
水	水火金	水土木	木水火	水火火	水土土	水水土	水火水	水土水

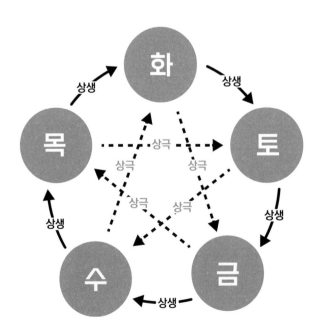

발음오행 -

3장

01 발음오행의 의미와 중요성

성명학에서는 발음오행을 소리오행, 음향오행, 음령오행, 음파오행 등으로 다양하게 부르고 있다. 이름이 불릴 때 소리에 음양과 오행이 적용된다는 의미이다. 소리에는 듣는 소리와 발성 소리가 있다. 듣는 소리는 공명이라 해서 호흡에 간접적인 영향을 미친다. **사람의 발성이나 음성은 호흡을 동반하는 소리로 인체에 직접적인 영향**이 있다.

소리가 생리적인 영향을 미친다는 것은 음악을 통한 사람의 심리 및 생태 실험을 통해 과학적으로 밝혀진 상태이다. 작명엔 음양오행, 발음오행, 수리오행, 자원오행의 4대 원칙을 모두 적용시켜야 한다. 각각 적용되는 분야에서 다른 특성을 발휘하기 때문이다. 한글과 영어 이름은 수리오행과 지원오행보다 발음오행이 더 중요하게 여겨진다.

한글의 발음상 좋은 기운을 넣어 주는 것이 작명의 기초 원칙이라고 볼 수 있다. 소리가 생물의 생육에 미치는 영향을 실험한 사례들이 있다. 미모사라는 풀에 음악을 2주간 들려주었더니 기공이 66% 증가하였으며 세포는 무려 50% 더 커졌다고 한다. 호박에 클래식 음악을 들려준 경우엔 줄기가 음악을 향해 뻗어 갔으며, 록 음악을 들려준 경우엔 반대 방향으로 줄기가 뻗어 갔다고 한다. 젖소에게 실험을 했을 경우엔 젖의 양이 훨씬 많아졌을 뿐만 아니라 질도 좋아졌으며 성질도 온순해졌다는 사례는 익히 들어 봤을 것이다.

이렇듯 **소리는 생물, 무생물 모두에 영향을 준다.**
또 소리에 관한 무수한 이론이 있지만 소리에 따라 감정이 변하게 된다.
분명한 것은 이름의 발음은 소리로 나타나며 그 소리의 영향은 간과할 수 없다는 것이다. 그렇기 때문에 과학적이고 체계적인 발음오행 이론이 도출된 것이다.

02 발음오행의 분류(해례본과 운해본의 구분)

 이름에서 발음은 상대방이나 본인에게 소리로 표현되고 들리는 기운으로 성명학에서는 발음을 길흉을 판단하는 중요 요소로 판단하고 있다.

 이름이 불릴 때 모든 발음은 木火土金水의 五行으로 분류된다.

 오행의 분류는 작명사에 따라 토와 수를 다르게 보는 견해가 있다.

 1940년 해례본이 발견된 이후 계속적인 논란이 있으니 어느 것이 옳다 그르다를 따질 수 없다. 대부분의 작명학자는 운해본 한글 자음의 발음오행을 사용하고 있으나 일부 학자는 훈민정음 해례본을 사용하기도 한다. **운해본과 해례본은 土와 水가 서로 반대**이다.

 작명사 자신이 소신 있게 사용하면 된다. 필자는 운해본을 따르고 있으며 이 **책에 수록된 모든 사례는 운해본에 의한 작명**이다.

오행	자음 (운해본)	음성	오행	자음 (해례본)
木	ㄱ, ㅋ	아음(어금니)	木	ㄱ, ㅋ
火	ㄴ, ㄷ, ㄹ, ㅌ	설음(혓소리)	火	ㄴ, ㄷ, ㄹ, ㅌ
土	ㅇ, ㅎ	후음(목구멍소리)	土	ㅁ, ㅂ, ㅍ
金	ㅅ, ㅈ, ㅊ	치음(잇소리)	金	ㅅ, ㅈ, ㅊ
水	ㅁ, ㅂ, ㅍ	순음(입술소리)	水	ㅇ, ㅎ

오행	소리의 특성	오행의 기운	의미	건강
木 (ㄱ, ㅋ)	» 어금니 소리이다. 목 부분에서 열리고 닫힐 때 나는 소리이다. **(아음)**	팽창하고 나무와 같이 솟아오르려는 기운이 있다.	연구, 발전, 성취의 의미가 있다.	간 담(쓸개) 췌장, 뼈
火 (ㄴ, ㄷ, ㄹ, ㅌ)	» 혓소리로 혀의 운동에 의해 발생하는 소리다. **(설음)**	명랑, 예의, 정열, 성급, 다변, 변덕 등의 기운이 있다.	밝은 기운, 희생, 어둠을 밝힌다.	순환계 심혈관계 안과, 정신과
土 (ㅇ, ㅎ)	» 목구멍에서 나는 소리로 모든 음성의 모체가 된다. **(후음)**	중후, 강건, 노력, 신용, 믿음의 기운이 있다.	원만하고 타협하며 치우치려 하지 않는다.	근육계 생식기계 비장 ,위장 유방, 비뇨기
金 (ㅅ, ㅈ, ㅊ)	» 잇소리로 앞니 사이를 통해 갈라지듯 나온다. **(치음)**	결단, 성급, 개혁, 결실의 기운이 있다.	강건, 숙살의 기운이 있다.	골격계 호흡기계 피부계 대장 폐, 뼈
水 (ㅁ, ㅂ, ㅍ)	» 입술소리가 된다. **(순음)**	지혜, 환경 적응력, 깊은 마음, 냉정함, 담백함의 기운이 있다.	대체로 편안, 수용적이지만 참다가 폭발하는 경우도 있다.	비뇨기계 혈액계 체액 (눈물, 콧물) 신장, 우울증 불면증, 두통

04 발음오행의 학설

성명학에서 발음오행의 배열은 상생이 되어야 좋은 것이며 상극이 되면 흉하다고 한다. 발음오행 배열의 학설에는 크게 3가지가 있다.

필자는 A 학설을 따르고 있다.

A 학설	» 초성(두음)만으로 상생이 되면 좋다 » 종성(받침)을 포함해서는 상극이 되어도 무관하다. 예) 박정희(수, 금, 토): 토생금, 금생수로 상생이 되어 좋다. 이재명(토, 금, 수): 토생금, 금생수로 상생이 되어 좋다.
B 학설	» 초성과 종성을 모두 포함해서 상생이 되어야 한다. » 초성만으로는 상극이 되어도 무관하다. » 성씨의 초성과 이름 마지막 글자의 종성은 상극이라도 무관하다.
C 학설	» A, B 학설 두 가지 다 동시에 만족시켜야 한다. » 즉, 초성만 봐도 상생이 되고 종성을 포함해도 상생이 되어야 한다.
결론	» 3가지 학설이 있는데 학파나 학자에 따라서 특정한 학설만 옳고 다른 학설은 무조건 틀렸다는 배타적인 학자가 있다. » 대다수 양식 있는 학자는 3가지 학설을 모두 인정한다.

한 장으로 보는 발음오행의 배열법

木	木木木 吉, 木木火 吉, 木木土 凶, 木木金 凶, 木木水 吉 木火木 吉, 木火火 吉(또는 凶), 木火土 吉, 木火金 凶, 木火水 凶 木土木 凶, 木土火 凶, 木土土 凶, 木土金 凶, 木土水 凶 木金木 凶, 木金火 凶, 木金土 凶, 木金金 凶, 木金水 凶 木水木 吉, 木水火 凶, 木水土 凶, 木水金 吉, 木水水 吉
火	火木木 吉, 火木火 吉, 火木土 吉, 火木金 凶, 火木水 吉 火火木 吉, 火火火 凶, 火火土 吉, 火火金 凶, 火火水 凶 火土木 凶, 火土火 吉, 火土土 吉, 火土金 吉, 火土水 凶 火金木 凶, 火金火 凶, 火金土 凶, 火金金 凶, 火金水 凶 火水木 凶, 火水火 凶, 火水土 凶, 火水金 凶, 火水水 凶
土	土木木 凶, 土木火 凶(또는 吉), 土木土 凶, 土木金 凶, 土木水 凶 土火木 吉, 土火火 吉, 土火土 吉, 土火金 凶, 土火水 凶 土土木 凶, 土土火 吉, 土土土 凶(또는 吉), 土土金 吉, 土土水 凶 土金木 凶, 土金火 凶, 土金土 吉, 土金金 吉, 土金水 吉 土水木 凶, 土水火 凶, 土水土 凶, 土水金 凶, 土水水 凶
金	金木木 凶, 金木火 凶, 金木土 凶, 金木金 凶, 金木水 凶 金火木 凶, 金火火 凶, 金火土 凶, 金火金 凶, 金火水 凶, 金土木 凶, 金土火 吉, 金土土 吉, 金土金 吉, 金土水 凶, 金金木 凶, 金金火 凶, 金金土 吉, 金金金 凶, 金金水 吉, 金水木 吉, 金水火 凶, 金水土 凶, 金水金 吉, 金水水 吉
水	水木木 吉, 水木火 吉, 水木土 凶, 水木金 凶, 水木水 吉 水火木 凶, 水火火 凶, 水火土 凶, 水火金 凶, 水火水 凶 水土木 凶, 水土火 凶, 水土土 凶, 水土金 凶(또는 吉), 水土水 凶, 水金木 凶, 水金火 凶, 水金土 吉, 水金金 吉, 水金水 吉, 水水木 吉, 水水火 凶, 水水土 凶, 水水金 吉, 水水水 凶

발음오행 상생과 상극 사례

성명	발음오행	풀이	상생/상극
한지민	토, 금, 수	토생금, 금생수	상생
장윤정	금, 토, 금	토생금, 토생금	상생
정수라	금, 금, 화	화극금, 화극금	상극
이건희	토, 목, 토	목극토, 목극토	상극

 발음오행 배열의 상세 설명표

木		
木木	木木木 (길) 입신공명격	» 두뇌가 총명하고 참을성이 있어 성공운이 순조롭다. » 바라는 일들이 성공하고 발전하며 뜻대로 이루어지는 운이다. 가정이 화목하고 자녀의 덕이 있으니, 행복한 가정을 이룬다. » 심신이 건강하여 장수의 복을 누린다. 안팎으로 행복을 누리겠다.
	木木火 (길) 만사달성격	» 마음이 침착하고 세심하다. 머리 또한 총명하여 하는 일마다 성공하고 발전한다. » 이름을 널리 알려, 많은 이가 우러러보고 따른다. 부귀영화를 자손까지 이어지게 한다. » 형제간 우애가 있다. 가정이 화목하고 안락하다. » 남녀 모두 연인운, 부부운이 매우 좋다.

木木	**木木土** (흉) **선고후안격**	» 건강이 허약하고 하는 일마다 순조롭지 못하다. » 고통을 받으면서도 귀인의 도움으로 위기를 모면하고 자수성가한다. » 어려움을 겪으며 그 속에서 뜻을 이루고자 한다. » 부부운은 그리 평탄하지 못하다.
	木木金 (흉) **골육상쟁격**	» 마음은 온순하고 정직하다. 의리를 중요하게 여기고 남에게 친절을 베푼다. 그러나 성공운이 적다. » 어느 정도의 성공을 하더라도 생각지 못한 화를 당하게 된다. 어떤 일을 하더라도 안정된 생활을 하지 못한다. » 인덕이 없어 다른 사람들에게 피해를 보며 구설수가 많고 평안한 생활이 없다. » 가정운도 좋지 못하니, 부부간 불화가 계속되고 자녀운도 없어 생이별수가 있다. » 폐, 기관지, 간장, 신경성 질환에 유의해야 한다.
	木木水 (길) **성공발전격**	» 착실하고 이해력이 풍부하다. 어떤 일이든 매사 열정적으로 노력을 아끼지 않는다. » 가정은 원만하고 자녀가 효도한다. 운기가 좋아 주위의 도움으로 성공하고 발전한다. » 모든 일이 대길할 운이다. 그러나 너무 자만심에 빠지지 말아야 한다.
木火	**木火木** (길) **춘산화개격**	» 인덕이 많다. 윗사람과 아랫사람에게 도움을 받고 존경도 받으니, 순조롭게 성공한다. » 지위와 재산이 늘어나게 된다. 모든 일이 형통하고 대길할 운이다. » 가정운도 좋으니 부부가 화목하고, 자녀 또한 효성이 지극하다. » 이름을 널리 떨치게 되어 만인의 부러움을 사게 된다. » 몸도 건강하여 장수의 복도 있다. 가정까지 평안하니 행복을 누리게 될 운이다.

木火	木火火 (반길반흉) 고목봉춘격	» 윗사람의 도움으로 성공은 이루겠으나 인내력이 부족하고 끝까지 지키기 어렵다. 지나친 욕심은 버려야 한다. » 인내심이 부족하여 실패수가 많고, 곤경에 빠지기 쉬우며 가정에 불화가 생길 수 있다. 그러나 조심하면 행복한 생활을 누리게 된다. » 길(吉)과 흉(凶)이 반반이다. 부부간에 애정이 있고, 자녀도 행복하니 가정이 원만하다. » 심장과 신경계 질환에 주의해야 한다.
	木火土 (길) 대지대업격	» 마음이 여리고 감수성이 풍부하다. 의리가 있고 친절하며 사교성이 풍부하여 대인 관계가 원만하다. » 부모와 윗사람의 도움으로 순조롭게 성공한다. » 하는 일이 크게 성공하여 이름을 널리 알리게 된다. » 부부운이 좋으며, 자녀복 또한 있으니 자녀가 효도한다. » 안팎으로 활기가 충만하고 대길(大吉)할 운이다. » 심신이 건강하여 장수하고 복을 누리게 된다.
	木火金 (흉) 박약단명격	» 기량이 뛰어나고 머리 회전이 빠른 특성을 갖고 있다. 그러나 변화가 심하여 안정이 없다. » 기초가 불안하여 일시적인 성공은 있으나, 내적으로 항상 불안하다. 노력을 하지만 노력의 대가가 없고 실패만 거듭된다. » 가정 또한 불화가 심하다. 이별수가 있고, 자녀가 불행하며 아랫사람과도 좋지 못하다. » 건강도 좋지 않으니 신경계통, 호흡기병을 조심해야 한다. » 운전을 하는 사람은 교통사고를 항상 조심해야 한다.
	木火水 (흉) 선부후빈격	» 성격이 까다롭고 대인 관계가 원만하지 못하다. » 성공을 하더라도 일시적인 성공뿐이다. » 성공이 지속되지 못하며 금전적, 정신적으로 막힘이 많다. » 윗사람의 혜택은 있지만, 끝이 좋지 못하다. 학생의 경우, 학업에 열중하지 않는 운이다. 건강운도 나쁜 운이다. » 심장병, 동맥경화증, 급성 관절염 등을 조심해야 한다. » 생각지 못한 재화로 어려움이 많을 운이다.

木土	木土木 (흉) 패가망신격	» 호기심이 많은 성격이지만, 과단성이 약하고 의지가 약하다. 불평과 불만이 많으며 끈기가 약하여 어떤 일이든 오랫동안 하지 못한다. » 이리저리 자주 이동하니 불안정한 생활을 하고 모든 일에 안정이 없다. 부모운도 없고, 형제운도 없다. » 자녀운 또한 없으니 고독하고 외로운 운이다. 건강도 좋지 않으니 위장 질환, 신경통, 신경 쇠약 등을 조심하라.
	木土火 (흉) 진퇴양난격	» 마음이 온유하고 인내심이 강하여 어느 정도의 성공은 있다. 불평과 불만이 많아 화가 따른다. » 성명의 수리가 불길하면 재액을 면치 못하게 된다. » 부모와 형제의 덕이 없어 고독하지만 가정은 원만하다. » 건강상 위장병이나 호흡기, 고혈압에 주의해야 한다.
	木土土 (흉) 속성속패격	» 마음이 온유하고 신중하여 다른 일에 빨리 동요되는 일이 없는 성격이다. 그러나 내적으로 불평과 불만이 많고 자신의 주장을 펴지 못하는 점이 있다. » 크게 성공하기는 어렵고, 한때 성공하더라도 실패가 따르게 된다. 부모 형제의 덕도 없고, 가정이 화목하지 못하다. » 중년부터는 나아지니, 자녀의 덕으로 말년에는 복을 얻게 된다. 말년에 위장병이 염려된다.
	木土金 (흉) 패가망신격	» 고집이 강한 성격에 활동적이지 못하고, 실천력이 부족하다. 소극적인 면이 있어 대인 관계가 좋지 못하다. » 꼼꼼한 면이 있어 일을 잘하지만, 운이 나쁘니 하는 일에 장애가 따른다. » 불평과 불만이 많으니 큰 발전이 없다. 뜻대로 되는 일이 없다. 부모나 형제의 덕 또한 없다. » 몸도 나빠질 운이다. 건강에 주의해야 한다.

木土	木土水 (흉) 고목낙엽격	» 보수적인 성격이고, 의지가 약하다. 대인 관계가 원만하지 못하고 사교성이 부족하다. » 하는 일에 불평과 불만이 많으며, 노력을 해도 뜻밖의 재난을 자주 당하여 성공과 발전은 기대하기 어렵다. » 부모의 덕이 없고, 부부의 정도 없으니 가정이 화목하지 못하다. 특히 여자는 결혼에 실패하거나 재취로 가는 운이 있다. » 결혼을 늦게 하고, 결혼 후에도 사회 활동을 하는 것이 좋다. 건강운도 나쁘다. » 위장병, 심장 계통의 질환을 조심해야 한다.
木金	木金木 (흉) 사고무친격	» 고집이 세고 대인 관계가 원만하지 못한 성격을 갖고 있다. 자립성 또한 약하다. » 모든 일이 안정되지 못하고 재난이 많이 닥칠 운이다. » 가정운도 좋지 않다. 괴로움이 많고, 금전적으로도 고생을 하니 심신이 안정을 얻지 못하고 건강을 해치게 된다. » 남녀 모두 건강을 조심해야 한다. 특히 운전자는 교통사고를 조심하고, 폐 질환이나 신경 계통 질환을 주의하는 것이 좋겠다. » 생각하지 못한 돌발 사고를 당할 수 있으니 항상 주의해야 한다.
	木金火 (흉) 독좌탄식격	» 처음은 잘되더라도 끝에 가서는 결실을 보지 못하고 무너지게 된다. » 아무리 노력해도 끝이 보이지 않고 재난이 계속된다. » 직업이나 집을 자주 이동하게 되어 생활이 안정치 못하다. 부모, 형제와도 좋지 못하고 자녀도 효도하지 못한다. » 금전으로도 안정을 찾을 수 없으니, 일생 동안 많은 시련을 겪게 된다. » 말년에는 더욱 흉(凶)이 겹칠 것이니 외상, 화상, 신경통, 신경 질환, 폐 질환 등의 병에 주의해야 한다.

木金	木金土 (흉) 초실후득격	» 생활이 안정적이라 조금이나마 성공할 수도 있겠으나, 성공운이 계속 따르지 않는다. 더 이상의 발전이 없다. » 인덕이 없고, 건강이 좋지 않다. 난치병에 걸려 고생할 운이다. » 건강상으로는 돌발 사고를 주의해야 한다.

	木金金
	(흉)
	
	만사불성격
		» 인덕이 없다. 따라서 대인 관계가 원만하지 못하다.
		» 남을 도와주어도 도리어 시비와 구설이 따르는 운이다.
		   재난이 따르니 금전적으로도 안정을 찾지 못한다.
		» 가정운도 좋지 않으니 가정 파란의 액이 있다.
		   안팎으로 어려움이 겹쳤다.
		» 학생은 학업에 열중할 운이 없다.
		   운전자는 교통사고를 조심해야 한다.
		» 위장병, 심장병, 신경통, 신경과민, 혈압, 간 장애 등의 병으로 고생하기 쉬우니 건강에 신경을 써야 한다.

	木金水 (흉) 불화쟁론격	» 정확하고 끈기 있는 성격을 갖고 있다. 그러나 기초가 약하고 성공운이 없다. » 열심히 노력하여도 보람은 없고, 결과가 바라는 대로 되지 않는다. 겉보기에 발전하는 것 같으면서도 결과가 나쁘고 실속이 없다. » 마음에 고민이 많이 생기고 불안하다. 자식복도 없으니 고생이 심하다. » 운이 매우 좋지 않다. 건강상으로는 심장병을 조심해야 한다.
木水	木水木 (길) 부귀쌍전격	» 온순하고 정직한 성격이다. 웃어른에게 예의 바르고 아랫사람을 잘 돌보니, 주변 사람들의 신망을 얻어 성공하게 된다. 하는 일이 순조롭게 발전한다. » 두뇌가 총명하고 판단이 빠르니 정치나 스포츠계로 나가면 크게 성공할 수 있다. » 여자는 알뜰한 성격에 내조가 뛰어나다. 사랑받는 아내가 될 것이다. 가정운이 좋다. » 부부가 화목하고 자손이 번성한다. 건강운도 원만하나 폐 질환, 신장병, 관절염, 위장 장애 등은 유의해야 한다.

木水	**木水火** **(흉)** **속성속패격**	» 성격이 신경질적이고 깐깐하며 끈기가 없다. 부모와 형제의 덕이 없으니 기초가 불안하다. » 돌발적인 재액이나 재난을 당하게 된다. 우여곡절이 많은 삶이다. » 아무리 노력해도 금전은 모이지 않고, 집이나 직업에 변화가 많다. 일시적으로 성공이 있다. » 허무한 결과만 있을 뿐이다. 가정운도 좋지 못하다. » 부부가 이별하게 되고, 자녀와의 불화를 만든다. » 건강운 또한 나쁘니 심장병, 신경성 질환, 순환기 질환으로 고통을 당하게 되는 운이다. 급사할 위험도 있다. 항상 건강에 신경을 써야 한다.
	木水土 **(흉)** **조기만패격**	» 인내심이 약한 성격과 원만하지 못한 성품을 가졌다. » 불안정한 상태로 겉으로는 안정적이고 평탄해 보이지만, 안으로는 온갖 근심과 불안에 시달리게 된다. » 기반이 불안정하여 성공과 발전은 일시적이고 막심한 고생을 한다. 가정운도 좋다고 할 수 없다. 부모, 형제와 화합하지 못하고 이별하게 된다. » 부부 사이 또한 애정이 없고 화합하지 못하니 이별운이 있다. 건강운 또한 좋을 리 없다. 심장, 신장 질환으로 고생할 운이다. » 어린이는 교통사고 위험이 있으니, 특히 신경 쓰도록 해야 한다.
	木水金 **(길)** **어변용성격**	» 마음이 착하고 바른 사고방식을 갖고 있다. 부모와 형제의 덕을 보게 된다. » 금전운이 좋다. 노력하면 재물과 명예를 함께 얻게 되어 안락한 생활을 하게 된다. » 성명의 사격의 수리가 나쁘면 고난이 많고, 일이 잘 안 풀리게 된다. 그러나 수리가 양호하면 크게 성공한다. » 애정운 또한 길하다. 결혼 후 부부간에 화목하다.
	木水水 **(길)** **대부대귀격**	» 판단력과 추진력이 강하여 하는 일마다 발전한다. » 적은 것이 많아지니 가업이 번창하고 가족이 화목하다. » 부부도 백년해로하고 자손도 번창한다.

火		
火木	**火木木** **(길)** **입신출세격**	» 부모의 덕이 있고 주위 사람으로부터 신망을 얻게 된다. » 귀인의 도움으로 하는 일마다 발전하고 성공한다. 가정운도 길하다. 부부가 화합하고 자녀가 효도한다. » 여성은 인간관계가 원만하고, 학생은 학업운이 길하다. 　문인, 정치인, 외교관의 직업을 가지면 크게 성공할 수 있다. » 건강운도 나쁘지 않아, 신장 계통이나 혈압만 조심하면 장수를 누린다.
	火木火 **(길)** **발전안정격**	» 머리가 명석하고 예의가 밝다. 의기가 충만하여 성공운이 순조롭다. 성실하게 노력하면 뜻한 바를 쉽게 얻을 수 있다. » 가정운은 길(吉)하다. 큰 재난 없이 평안하고, 부귀를 누리게 된다. » 친척이 화목하고 행복한 가정을 이루게 된다. 　건강운도 좋아 장수한다.
	火木土 **(길)** **만화방창격**	» 성격이 활동적이고 대인 관계가 원만하다. 　성공 발달하여 부귀를 누리게 된다. » 가정운이 매우 좋다. 　부부가 화목하고 자녀가 효도한다. » 자손이 번성하여 호화로운 생활을 누린다. 이성(異性)으로 인한 재난이 있을지 모르니, 주의가 요구된다. » 건강운도 좋으니 간장 계통의 질환만 조심하면, 장수하게 된다.
	火木金 **(흉)** **선고후파격**	» 신경이 예민하고 박력이 약하다. 집과 직업의 변동이 빈번하다. 　주위 환경이 자주 변하여 안정된 생활이 어렵다. » 매사 시작은 좋으나 결과가 좋지 못하여 성공하기 어렵다. 　일시적인 성공이 있더라도 급변을 당하여 고생하게 된다. » 가정운도 좋지 않아, 가정불화가 염려된다. » 성명 사격 중 수리가 흉하면 병으로 고생하게 된다. 　폐 질환, 간 기능 약화, 심장 질환에 유의해야 한다.

火木	火木水 (길) 대지대업격	» 외유내강의 성격이다. 노력을 많이 하고 인내심이 강하다. 근면하고, 성실한 면도 있다. » 활동력도 강하고 추진력 또한 왕성하다. » 순조롭게 성공하고 발전한다. 특히 관운이 매우 좋아 학업이나 기능 방면이 길하다. » 명예를 얻을 수 있고, 사회적으로 인정도 받게 된다. » 재산과 지위의 부를 누리게 된다. » 가정운도 있으니 여자는 내조를 잘하는 부인이며 자손의 덕을 크 게 본다. 건강도 나쁘지 않다. » 신장 질환만 주의하면 장수하게 된다.
火火	火火木 (길) 성공발전격	» 신용 있고 합리적인 사고방식을 갖고 있으며, 대인 관계가 원만 하다. 다른 사람의 도움을 받아 크게 성공하고 발전한다. » 동업도 길하다. 운세가 순조로우니 뜻한 바를 어렵지 않게 얻을 수 있다. » 가정운도 길하다. 부부운이 좋으니 다정하고 화목하다. 여자는 현모양처이다. » 자손 또한 효도하니 평안한 생활을 누린다. 건강도 좋아 장수하게 된다.
	火火火 (흉) 횡액단명격	» 용맹스럽고 열정적인 성격을 가졌다. 그러나 인내심이 약하고 끈 기가 없는 조급한 면이 있다. » 일을 해도 지구력이 약하니, 노력한 만큼의 결과를 얻지 못하고 실패를 면치 못한다. » 경솔하여 많은 재난을 당하게 되는 운이다. 가정운까지 약하니 부부 사이가 화목하지 못하고, 자손도 불길하다. » 심장 질환, 혈압성 질환에 유의해야 한다. 건강이 좋지 못해 고생하다 단명할까 염려된다. » 성명 사격 중 수리가 모두 길수로 되어 있으면, 평범한 삶을 살게 된다.

火火	火火土 (길) 만화방창격	» 마음이 건전하고 온화한 성격이다. 사교성이 풍부하여 대인 관계가 좋다. » 매사 순조롭고 출세하는 운이다. » 꾀하는 일마다 발전적이며, 가정이 화목하다. » 성명 수리가 길하면 식복이 있어 편안하고 안전하게 지낸다. 수리가 흉하면 재난과 병난을 당하게 된다. 위장 장애를 주의해야 한다.
	火火金 (흉) 백모불성격	» 성격이 급하고 허영심이 많다. 부모와 형제의 덕이 없다. 어떤 일이든 노력하지만, 실패를 면치 못하고 성공하기 어렵다. » 금전운 또한 없고, 인덕도 없다. 어려움이 많을 운이다. 가정운도 좋지 못하다. 부부간에 이별수가 있고, 가정불화가 생 길 운이다. 안팎으로 불안이 계속된다. » 건강운도 있을 리 없으니 스트레스로 인한 노이로제, 심장 질환 에 유의해야 한다.
	火火水 (흉) 평지풍파격	» 신경이 예민하고 소심한 편이다. 신경질적이고 경솔하여 기회를 놓치기 쉽다. » 일시적인 성공은 있으나, 불의의 재난이 계속 따른다. 성공과 발전은 어렵겠다. » 가정운이 없다. 부부 사이에 불화가 끊이지 않는다. 이별수까지 있다. » 건강도 좋지 않다. 특히 심장 질환, 신경 질환에 유의해야 한다.
火土	火土木 (흉) 강상풍파격	» 대인 관계가 원만하고 윗사람의 도움으로 일시적인 성공을 누리 나 오래가지 못한다. » 생활이 안정되지 못하고 변화가 많다. 집이나 직업을 자주 이동 하게 된다. 가정운도 좋지 않다. » 가족 사이에서 서로의 의견 대립으로 인한 불화가 생기는 운수이 다. » 건강상 위장병, 신경성 질환으로 고생할 수 있으니 주의해야 한다.

火土	火土火 (길) 춘일방창격	» 온후한 성품을 지녔으며, 이해심이 넓고 친절하다. 기초운이 튼튼하다. » 조상과 윗사람의 도움으로 순조롭게 성공하고 크게 발전하겠다. » 가정운도 길하다. 부부 사이가 화목하고 자손이 번성하는 행복한 운이다. » 여자는 남편덕이 있으며, 현모양처이다. » 심신 또한 건강하니 장수를 누린다.
	火土土 (길) 만화방창격	» 노력하는 사람으로 예의가 바르다. 대인 관계가 원만하고, 신의를 얻게 된다. » 윗어른이나 조상의 덕으로 순조롭게 성공하게 된다. » 가정운이 좋다. 부부의 정이 좋으니 백년해로하게 된다. 가정이 화목하고 행복하게 될 운이다. » 안팎으로 순조로운 발전과 성공할 운이 유도된다. » 건강상 심장 질환을 조금만 주의하면 장수할 수 있다.
	火土金 (길) 입신대길격	» 예의 있고 신용도 있어 대인 관계가 원만하다. 윗사람의 도움으로 순조롭게 뜻한 바를 이루게 된다. » 재물과 명성을 얻을 운이다. 가정운도 좋다. 부부운이 좋아 백년해로하고, 자식복도 있다. » 성명 사격 수리가 흉하면 가도가 불안하게 된다. 가족과 이별수가 있게 된다. 수리가 길하면 면액된다. » 건강은 심폐 기능, 복부 관련 병에 걸릴 염려가 있으니 주의해야 한다.
	火土水 (흉) 일장춘몽격	» 지혜가 뛰어나지만, 인정이 없다. 금전운이 약하여 노력한 만큼 얻지 못한다. » 윗어른이나 선조의 도움으로 잠시 성공할 수 있지만, 의외의 재난으로 실패를 거듭하게 된다. » 성공했던 사업도 실패하여 불행하기 쉬운 운이다. 가정운이 좋지 못하다. » 부부 사이가 화목하지 못하고, 이별수가 있다. 가정적으로 행복하지 못하고, 수심이 많다. » 건강은 소화 질환, 신장 질환에 유의해야 한다.

火金	**火金木** **(흉)** **개화풍란격**	» 신경이 예민하고 의심이 많다. 겉으로 안정적으로 보이지만, 내면은 불안하고 변화가 심하다. » 실속이 없고 속이 비어 있다. 집과 직업에 변동이 빈번하다. 가정운도 없다. » 부부가 별거하거나 이별하는 운으로, 외롭고 고독하다. » 건강상 신경계 질환, 호흡기 계통의 질환에 걸릴 위험이 있다. 건강에 유의해야 한다.
	火金火 **(흉)** **무주공산격**	» 경솔하고 고집이 있다. 부모, 형제의 덕이 없고 성공하기 어렵다. » 대인 관계가 원만하지 못하고 구설수가 생기게 된다. » 금전운이 없어 돈을 벌어도 모이지 않는다. » 고독과 파란이 따르는 운이다. 가정운도 좋지 않다. 부부 사이에 갈등이 많고, 가정이 화목하지 못하다. » 건강상 폐 질환, 신경통, 외상, 화상, 급변 등에 의한 사고수가 있으니 유의해야 한다. » 성명 각격(各格) 중 수리가 길하다 하더라도 말년에는 불행하게 된다.
	火金土 **(흉)** **선고후길격**	» 고집이 세고 남에 대한 비평을 잘한다. 인덕이 없어 성공운이 없다. » 일시적인 발전이 있으나, 재난의 연속으로 실패하게 될 운이다. » 가정운도 좋지 못하다. 부부 사이에 정이 없고, 갈등이 많다. 자녀가 불효하는 등 가정불화가 심하다. » 건강상으로는 난치병에 걸릴 우려가 있다. 신경성 위장 장애, 순환기 질환, 기관지 질환 등으로 고생할 운이니 주의해야 한다. » 성명 각격(各格) 수리가 모두 길(吉)로 되어 있으면, 전환되어 안정을 회복할 수 있는 운으로 복을 누리게 된다.

火金	火金金 (흉) 사고무친격	» 결단력이 강하고 재능이 훌륭하다. 그러나 일이 뜻대로 이루어지지 않는다. 불만이 많으니 하는 일마다 실패가 따른다. » 성공운이 부족하고 재액이 갈수록 심해진다. 직업과 주거의 이동이 빈번하다. » 가정운 또한 없다. 부부 사이에 불화가 많아 가정이 원만하지 못하다. » 안팎으로 수심이 많다. 건강도 좋지 않으니 심장, 스트레스에 의한 신경 질환, 시력 감퇴에 주의해야 한다.	
	火金水 (흉) 개화무실격	» 신경이 예민하고 의심이 많은 성격이다. 다른 사람에 대해 비평하기를 좋아한다. » 하는 일마다 발전이 계속되지 못하고 성공운이 희박하다. 파란과 재앙이 많은 운으로 급변, 몰락할 징조가 있다. » 가정운도 빈약하다. 부부 사이에 정이 별로 없고, 가정불화로 고독한 삶을 보내게 된다. 수심이 많은 가운데 건강이 나빠지게 된다. » 심장병, 동맥 경화, 폐 질환, 정신병 등에 주의해야 한다.	
火水	火水木 (흉) 의외재난격	» 자존심이 강하고 재능이 뛰어나지만 소극적인 면이 많다. 부모, 형제의 덕이 없으니 기초운이 불안하다. » 겉으로는 안정된 것처럼 보이지만, 안으로는 불안하기만 하다. 일시적인 성공은 있으나 몰락하기 쉽다. » 금전운도 좋지 못해, 재난이 많고 고생하는 운이다. 학생은 학업운이 없다. » 가정적으로 안정치 못하다. 부부 사이에 의견 대립이 많고 이별수까지 있다. » 폐 질환, 신장병, 심장 질환, 신경성 질환 등 신체가 허약하여 병이 많이 따른다. » 건강에 각별히 신경을 써야 한다.	

火水	火水火 (흉) 유아독존격	» 활동적이지만 신경질적이고 마음이 매우 불안하다. 노력한다고 해도 어려움이 자주 일어나게 된다. » 하는 일마다 성취되는 것이 하나도 없다. 금전운도 없어 경제적 으로 고생이 심하다. 집과 직업에 변화가 자주 있어 불안정한 생 활이 계속된다. » 가정운도 매우 좋지 못하다. 처자와 생이별할 운이다. 자손운까지 나쁘게 된다. » 신체가 허약하여 심장병, 혈압성 질환, 급사하는 위험이 있다. 흉운이 많이 겹칠 수이다.
	火水土 (흉) 선고후파격	» 자존심이 강하고 예민한 성격을 지녔다. 겉으로는 안정된 생활인 것처럼 보이지만 내면적으로, 정신적으로 불안하다. » 성격상 활동적인 생활을 해 나가지만, 성과가 없다. 가정운도 매우 좋지 못하다. » 애정운이 없고, 가정불화가 생기게 된다. » 건강운도 좋지 않아 급사, 병사, 단명할 운이다. » 전체적으로 흉한 운이다.
	火水金 (흉) 무주공산격	» 지혜가 뛰어나지만, 자존심이 강하고 모든 일에 불평과 불만이 많다. » 부모, 형제의 덕이 없어 기초운이 부족하다. 하는 일이 결실이 없 고 뜻대로 잘 풀리지 않는다. 재화가 자주 일어나니 성공하기 어 렵다. » 금전적으로도 안정치 못하다. 가정운 또한 좋지 못하다. » 부부 사이가 화목하지 못하고 부모와 자녀와의 인연이 없고, 자 손운이 불리하다. » 건강운도 좋지 못하다. 빈혈, 신경성 노이로제에 주의해야 한다.

火水	火水水 (흉) 조기만패격	» 머리가 명석하고 총명하다. 자존심도 매우 강하지만, 지나치게 잘난 척하는 경향이 있다. » 부모덕이 없고 기초운이 빈약하다. 재주가 뛰어나 일시적인 성공은 있지만, 불의의 재난으로 성공을 지속시키지 못한다. » 고독하고 좌절하는 일을 많이 겪게 된다. » 가정운도 좋지 않다. 부부 사이에 정이 없고 불화가 많다. » 자식덕도 없으니 외롭고 고독하다. 건강상 급사, 교통사고, 병고를 당할 운이다.

土		
土木	土木木 (흉) 개화봉유격	» 외유내강한 기질로 노력하는 사람이다. 겉으로는 길(吉)로 보이지만, 내면에는 불안하고 흉이 있다. » 노력을 하지만, 대가가 항시 작게 나타난다. 부모덕이 없고 가정운도 나쁘다. » 부부 사이에 정이 없고 이별수가 있다. 성명 각격(各格) 중 수리가 나쁘게 나오면 운이 없고 위장계 질병이 생길 우려가 있다. » 건강상 신경통, 류머티즘, 관절염, 신경성 질환에 유의해야 한다.
	土木火 (반길반흉) 운중지월격	» 초년에는 형제간의 의리도 없고 부모의 덕도 없다. » 머리가 명석하고 적극적이고 노력하는 사람이다. 처음에는 고생이 있고 어려움과 번뇌가 따른다. 그러나 점차 좋아지니 순조롭게 성공할 수 있다. » 안락한 생활을 하게 된다. 대인 관계가 원만하여, 주위 사람으로부터 신망을 얻게 된다. » 가정운도 있어 부부 사이가 다정하고 자손도 효도한다. » 건강도 나쁜 편이 아니다. 위장 질환, 만성 피로만 조심하면 장수를 누리게 된다.

土木	土木土 (흉) 고목낙엽격	» 적극적인 성격이고 노력형이다. 불안하고 하는 일에 실패를 여러 번 겪게 된다. » 금전운이 없기 때문에 벌어들이는 것보다 나가는 돈이 더 많다. » 순조롭지 못한 인생의 운이다. 환경이 자주 변하고, 집안도 불안하다. 가정운이 별로 좋지 못하다. » 부부 사이에 의견 충돌이 많아 가정불화가 생기게 된다. » 건강상 위장 장애, 간 기능 약화, 순환기 계통 질환에 유의해야 한다. » 신체가 약하여 잔병이 많이 생기게 되니 조심하는 것이 좋겠다. » 여자는 결혼을 늦게 해야 좋으며, 중매로 결혼하는 것이 좋다.
	土木金 (흉) 선빈후곤격	» 재치가 뛰어나고 오락을 좋아한다. 그러나 성공이 어렵다. 노력을 하지만, 뜻을 이루지 못한다. » 집과 직업이 자주 바뀌는 등 주변 환경의 변화가 심하다. 대인 관계도 원만하지 못하다. 아랫사람에게 배신을 당할 수 있으니 조심해야 한다. » 가정운도 좋지 않다. 부모와 의견 대립이 심하고 가정불화가 많다. » 여자는 남편덕이 없고, 자식복도 없다. 수심이 많고, 외로운 운이다. » 건강상으로는 위장병, 복부 질환, 신경 질환, 폐 질환을 조심해야 한다.
	土木水 (흉) 유두무미격	» 정직하고 모든 일에 노력하는 사람이다. 약간의 성공운이 있지만 내면으로는 불안하다. » 시작은 좋으나 결실이 좋지 못하다. 대인 관계가 원만하지 못하다. » 인덕이 없어 배신을 당하는 일이 생길 운이다. 일생 동안 안정치 못하고 객지를 떠돌게 된다. 가정운 또한 좋지 못하다. » 부모의 덕이 없으니 초년부터 고생하게 되는 운이다. 부부 사이도 화목하지 못하고 불화가 심하다. 건강도 매우 흉하다. » 신경성 질환, 신장병에 유의해야 한다.

土火	土火木 (길) 일광춘성격	» 성격이 적극적이고 활동적이며, 재주가 아주 뛰어나다. » 기초운이 튼튼하고, 신망과 명예를 얻으며 순조롭게 성공하게 된다. 뜻한 바를 어렵지 않게 얻으니, 부귀공명을 할 운이다. » 가정운도 매우 좋다. 부모에게 효성이 지극하고, 부부운도 좋아 행복한 가정을 이룬다. 또한, 총명한 자손을 얻게 된다. » 심신도 편안하여 장수하게 된다. 이 모든 영화가 대대로 이어지게 된다. » 정치와 경제계에서도 크게 성공할 수 있다. 매우 복된 운이다.
	土火火 (길) 춘일방창격	» 성격이 명랑하며 활동적이다. 기초운이 튼튼하여 성공이 순조롭다. » 주위의 신망을 얻게 되며, 지위가 상승하게 된다. » 만사형통할 운이다. 배우자운도 좋고 화목한 운이다. » 건강은 자주 체크하는 것이 좋다. 순조로운 운이다.

	土火土
	(길)
	
	발전향상격
		» 노력하는 사람으로 친절하며, 대인 관계가 원만하다.
		  따라서 하고자 하는 바를 이루고 크게 성공할 수 있다.
		» 부귀영화를 얻게 된다. 가정운도 매우 길하다.
		» 배우자운도 좋으니 착실한 배우자를 만나게 된다.
		  자녀가 창성하여 남부러운 것이 없게 된다.
		» 건강도 좋으니 장수하게 된다. 정치나 경제, 교육 계통으로 진출하면 크게 성공하게 된다.

	土火金 (흉) 고난자성격	» 성실하고 노력하는 사람이지만, 성격이 급한 면이 있다. 일시적인 성공으로 겉으로는 길한 것처럼 보이지만, 내면은 불안하다. » 인내심이 부족하여 실패하는 일이 자주 있다. 생활이 안정되지 못하고 변화가 많다. 가정운도 좋지 못하다. » 부모와 형제의 덕이 부족하고, 부부 사이 또한 원만하지 못하다. 마음이 편하지 못하고 심적 갈등이 심하다. » 건강운도 길하지 못하니, 호흡기 질환에 유의해야 한다.

土火	土火水 (흉) 진퇴양난격	» 신경이 예민하고 고집이 센 성격이다. 처음에는 일시적인 성공이 있을지 모르지만, 재난과 금전적인 갈등으로 성공을 유지하지 못한다. » 일생 동안 급변, 손재, 급화가 계속되어 파란만장한 삶을 살게 된다. » 가정적으로 불화가 심하고 부부 사이에 이별수가 있다. 정신적, 육체적 고통이 심하다. » 심장 마비, 간염, 신장 계통의 질병에 유의해야 한다. » 돌발 사고의 위험이 있으니 항시 주의해야 한다.
土土	土土木 (흉) 개화풍란격	» 정직하지만, 융통성이 없고 잘난 척하는 점이 있다. 잠시 성공의 길을 갈 수 있지만, 주변 환경의 변화가 심하고, 안정치 못하며 성공운이 순조롭지 못하다. » 집과 직업의 변화가 심하다. 금전운도 좋지 않아 경제적으로도 안정되지 못하다. 인덕도 없다. » 가정에서는 친척과 불화가 많고, 부부 사이에 충돌이 많으니 행복한 가정을 이룰 수 없다. » 결혼을 늦게 하는 것이 좋다. 말년에 조금 성공하는 경우도 있겠으나, 불안정하다. » 건강상으로도 위장병, 신경계 질환, 간 계통의 질환에 유의해야 한다. 특히, 교통사고를 조심해야 한다.
	土土火 (길) 금상유문격	» 성격이 온유하며 정직하다. 머리가 뛰어나고 노력하는 사람으로 어떤 일이든 잘 해내는 능력이 있다. » 성공운이 순조롭다. 크게 성공하여 부귀영화를 누리게 되는 운이다. » 가정운도 매우 길(吉)하다. 부부 사이에 정이 많고 영화가 자손까지 이어지게 되니, 대복을 누리게 되는 운이다. » 건강도 나쁘지 않으니, 신경성 질환만 주의하면 장수를 누리게 된다.

土土	土土土 (반길반흉) 일경일고격	» 고지식한 면이 있지만, 남다른 재능을 갖고 있다. 따라서 성공운이 순조롭고 자연히 행복을 누리게 된다. 대인 관계도 원만하다. » 가정운도 좋다. 부부 사이에 금슬이 좋고 화목한 가정생활을 누리게 된다. 건강도 좋아 장수를 누리게 된다. 그러나 성명 각격(各格) 중 수리 구성이 좋지 못하면 길하지 못하다. » 위기가 있을 때마다 잘 모면하나 기쁨과 슬픔이 반반이다. 어려운 고비가 있다.
	土土金 (길) 대업성취격	» 성격이 정직하고 의지가 굳어 성공운이 순조롭다. 대인 관계가 원만하고 외교 수완이 좋으니, 사회적으로도 두각을 나타내며 출세하게 된다. » 가정운도 매우 좋다. 부모와 형제간에 행복하고, 부부 사이도 화목하다. 자손도 성공하게 된다. » 건강도 좋아 장수하게 되는 운이다. 단, 이성을 조심해야 한다. 이성으로 인해 화를 입을 수 있으니 염두에 두어야 한다. 이 점만 조심하면 운수 대통을 하는 운이다.
	土土水 (흉) 사고무친격	» 인정이 있지만, 고집이 센 면이 있다. 인덕이 부족하다. » 일시적인 성공이 있더라도 하루아침에 몰락하게 되는 운이다. » 금전적으로도 안정되지 못하고, 하는 일마다 실패가 따른다. » 가정운도 매우 좋지 않다. 부모, 형제의 덕이 없고 부부 사이에도 불화가 많이 있다. 안팎으로 수심이 가득하다. 자손 역시 불효하게 된다. » 건강도 좋을 리 없다. 심장병, 위장병의 위험이 있고, 급사의 위험도 있다. » 특히 운전자는 교통사고에 주의해야 한다.

土金	土金木 (흉) 불측화난격	» 온유한 성품을 갖고 있지만, 신경이 예민하고 의심이 많다. 윗사람의 도움으로 일시적인 성공은 있겠으나 불안하여 성공을 유지할 수 없다. » 겉으로는 안정적으로 보이지만, 내적으로 갈등이 많다. 가정운도 좋지 않다. 부부의 정이 없고 이별수가 있다. 처자와의 인연도 없다. » 건강도 길(吉)하지 못하니 폐 질환, 신경성 질환으로 고생하게 된다.
	土金火 (흉) 골육상쟁격	» 하는 일이 순조롭지 못하다. 일시적인 성공이 있다 하더라도, 주위의 환경이 불안정하여 곤란을 겪게 된다. » 집과 직업에 변화가 빈번하다. 가정운도 좋지 못하다. 부부 사이 갈등과 이별수가 있고, 자손이 불효하는 등 어려움이 많다. » 건강도 길하지 않다. 폐 질환, 뇌 질환, 신경성 질환으로 고생하게 된다. » 성명 각격(各格) 중 수리 구성이 불길하면 급변, 급사의 운이 강하다.
	土金土 (길) 일광춘풍격	» 온유한 성품에 대인 관계가 원만하다. 윗사람, 아랫사람의 존경을 받게 된다. » 부모와 윗사람에게 도움을 받으니 성공운이 순조롭다. » 노력한 만큼 성과가 크게 나타난다. 가정운도 길하다. » 배우자운이 좋아 백년해로하게 되고, 안팎으로 부귀영화를 누리게 된다. » 명예, 지위를 크게 얻게 되고 평안한 생활이 자손까지 이어지게 된다. » 심신이 안정되니, 건강도 좋아 장수하게 된다.

土金	土金金 (길) 유곡회춘격	» 의지가 굳고 자부심이 강한 성격이다. 운이 비교적 순조롭다. 뜻한 바를 이뤄 성공, 발전하게 된다. » 여러 사람과 친화력이 부족하여, 인간관계가 원만하면 크게 성공하게 된다. » 가정적으로도 행복한 운이다. 부부 사이에 정이 많고 백년해로하게 된다. » 자손운도 좋으니, 평안한 생활을 누린다. 건강도 나쁘지 않으니 신경통만 주의하면 장수한다. » 그러나 성명 각격(各格) 수리가 나쁘면, 건강이 나쁘고 뜻밖의 어려움을 당하게 된다.
	土金水 (길) 금상유문격	» 자부심이 강하고 매사 자신감이 있어, 추진력이 뛰어나다. » 윗사람의 도움으로 순조롭게 성공, 발전한다. 특히 사회적으로 크게 출세한다. » 정치나 법률에 종사하면, 크게 성공할 수 있다. 그러나 뜻밖의 재난으로 실패하게 되는 운이 있으니 항상 유의해야 한다. » 성명 각격(各格) 중 수리가 흉하면 가족과 생이별을 할 수 있다.
土水	土水木 (흉) 대해편주격	» 온후하고 침착한 성격이지만, 소극적이고 생활력이 부족하다. 불의의 재화로 모든 일이 성사되기 어렵다. » 인덕(人德)이 없고, 사기를 당하는 수가 있으니 유의해야 한다. » 가정운도 좋지 못하다. 부부 사이가 원만하지 못하고 불화가 심하며, 홀로 고독하고 외로운 생활을 하게 된다. » 건강 또한 흉(凶)하다. 위장병, 폐 질환, 호흡기 질환 등 난치병으로 고생하거나 단명하기 쉬운 운이다.

土水	土水火 (흉) 풍파절목격	» 신경이 예민하고 신경질적인 면이 있다. 재능이 뛰어나지만, 뜻 밖의 재난으로 성공하기 어렵다. » 금전운 또한 좋지 못하여 재산상 손실이 있다. 부모의 덕도 없고 가정운도 좋지 않다. » 부부운이 불길하고 가정에 불화가 있으니, 심적으로 안정을 찾기 어렵다. » 건강도 길하지 못하니 심장병, 위장병, 신경 쇠약으로 고생하거나 단명하기 쉬운 운이다.
	土水土 (흉) 패가망신격	» 재능이 있고 겉으로는 양호하다. 그러나 내적으로 실속이 없고 환경이 불안정하다. » 직업, 주거의 변동이 심하고 하는 일마다 실패만 하게 된다. » 어떤 일이든 뜻하는 대로 이루기 어렵다. 가정운도 좋지 않다. 부모의 덕도 없고, 부부 사이가 화목하지 못하며 불화가 심하니 수심이 가득하다. » 건강도 길(吉)하지 못하다. 심장병, 위장병, 신장병에 유의해야 한다. 뜻밖의 어려움이 많을 운이다. 특히, 어린이는 물가를 조심해야 한다.
	土水金 (흉) 사고무친격	» 두뇌가 명석하지만, 매사 불평불만이 많다. 기초운이 불안하고 일시적인 성공은 있으나, 노력에 비해 성과가 좋지 않다. » 금전운도 좋지 못하다. 손재수가 자주 있겠으니 주의해야 한다. 가정운도 길하지 않다. » 부부 사이에 의견 충돌이 자주 일어나고, 이별수가 있다. » 건강상 부상을 당하기 쉽고, 심장병, 신장 질환, 혈압성 질환에 유의해야 한다. » 여자는 결혼을 늦게 하고 결혼 후 사회 활동을 하는 것이 좋다.

土水	**土水水** **(흉)** **일장춘몽격**	» 마음이 착하여 일시적인 성공이 있겠다. 그러나 길과 흉이 자주 바뀌는 운을 갖고 있다. » 노력에 비해 결과가 좋지 못하다. 뜻하는 대로 잘 이루어지지 않는다. » 가정운은 부부 사이에 의견 대립이 있어 안정되지 못하다. 안으로 수심이 많다. » 건강상 심장병, 관절염을 주의해야 하고 급변, 교통사고의 위험이 있으니 유의해야 한다.

金

金木	**金木木** **(흉)** **추풍낙엽격**	» 노력형으로 하고자 하는 뜻은 있다. 그러나 기회를 잡지 못하고 하는 일마다 성공이 어렵다. 부모, 형제의 덕이 없고 모든 일이 불안정하다. » 가정운도 없다. 부부가 합심하지 못하고 의견 대립이 심하다. » 안팎으로 불길한 운이 계속 이어진다. 건강상 신경계 질환, 외상에 유의해야 하고 돌발적인 사고에 주의해야 한다. » 특히 어린이는 교통사고를 조심해야 한다.
	金木火 **(흉)** **한산공가격**	» 활동적이고 겉으로는 양호해 보이지만, 내면으로는 실속이 없다. 하는 일에 어려움이 있어 성공, 발전할 수 없다. » 가정적인 면도 좋지 않다. 부부운이 불길하여 이별수가 있으며, 불화가 심하다. » 건강도 나빠 신경성 질환, 호흡기 질환, 뇌졸중으로 고생하게 되거나 각종 질병으로 단명하게 되는 운이다. » 특별히 건강에 신경을 써야 하고, 어린이는 교통사고를 조심해야 한다.

金木	金木土 (흉) 심신과로격	» 자존심이 강하고 의심이 많은 성격이다. 분주하게 활동하지만, 일마다 실패수가 따른다. » 금전적으로도 안정되지 못하여 경제적으로 많은 어려움이 있다. » 가정운도 매우 길(吉)하지 못하다. 부부 사이에 의견 대립이 심하고, 재물이 줄어드는 운이다. » 우환이 자손까지 이어지게 된다. 마음고생이 심하고, 처자와는 생이별을 하게 된다. » 건강상 신경성 질환, 심장 질환 등으로 고생하는 운이다. 학생은 학업운이 없다. 일생을 불우하게 보내는 운이다.
	金木金 (흉) 성상가상격	» 정이 많아 다정하면서도 의심을 잘하는 예민한 성격이다. » 불평과 불만이 많고 고집이 세서 신용이 없고 일을 성사시키기 어렵다. » 금전이 따르지 않으니 경제적으로도 불안하다. 노력을 해도 결과가 좋지 않고 중도에 좌절해 버린다. » 가정적으로 부모와 형제의 덕이 없고, 부부운도 좋지 않아 이별수가 있다. » 건강상 위장 장애, 신경통, 간 질환에 주의해야 한다. 뇌 손상으로 단명하기 쉬운 운이니 매사 조심해야 한다.
	金木水 (흉) 고통난면격	» 정이 많고, 인내력이 강하여 한번 일을 시작하면 끈기 있게 해 나가지만 운이 따르지 않는다. » 성공을 한다고 하더라도 뜻밖의 재난으로 몰락하게 되는 운이다. 각종 재난으로 고생이 많을 운이다. » 가정적으로 화목하지 못하다. 부모의 덕이 없고, 부부 사이에 별거수가 있다. 안정된 가정생활이 어렵다. » 건강상 신경 쇠약, 호흡기 질환이나 관절염에 유의해야 한다. 난치병으로 고생하거나 단명하게 되는 운이다.

金火	金火木 (흉) 욕구불만격	» 대인 관계가 원만하고, 여자는 풍류적이고 매력적이지만, 고집이 매우 강하다. 운수가 매우 불길하여 성공을 하더라도 오래 가지 못한다. » 주변에 변화가 자주 있어 생활에 안정이 없다. » 가정운도 좋지 않다. 부부 사이에 이별수가 있으며, 자손운도 불길하다. » 건강상 간 기능 약화, 신경성 질환, 폐 질환에 유의하고 교통사고에 주의해야 한다.
	金火火 (흉) 선고후빈격	» 성격이 급하고 허영심이 많다. 일시적으로 성공을 할 수 있지만, 오래가지 못하고 실패를 하게 된다. » 부모와 형제의 덕이 없다. » 하는 일이 순조롭지 못하고, 막힘이 많다. 가정운도 좋지 않다. » 부부 사이에 불화가 많으니 화목하지 못하다. » 건강상 뇌출혈, 동맥 경화, 혈압성 질환에 유의해야 한다.
	金火土 (흉) 입신양명격	» 활발한 성격이지만, 잘난 척을 하는 기질을 갖고 있다. 기회가 찾아와도 잡지 못하니 운세가 차차 기울어지고 성공과 발전이 어렵다. » 가정운도 원만하지 못하다. 부부 사이에 성격 차이로 이별수가 있다. 안팎으로 불안한 생활이 이어진다. » 건강도 좋지 않다. 심장 쇠약, 폐 질환, 간 기능 약화로 고생하게 되는 운이다.
	金火金 (흉) 조기만패격	» 머리는 영리하지만, 지나치게 잘난 척을 하고 교묘하다. 겉으로는 안정된 생활 같아 보이지만, 내면적으로는 실속이 없고 곤고하다. » 불의의 재난이 있고 금전적으로도 안정되지 못해 심적 갈등이 심하다. » 가정운도 안 좋다. 부부 사이에 의견 대립이 심하다. » 건강상 신경 쇠약, 두통, 외상, 폐 질환의 난치병으로 고생하게 되는 운이다. » 건강에 각별히 신경 써야 한다.

金火	金火水 (흉) 파란변동격	» 외유내강한 성품이지만, 고집스럽고 매사 불평과 불만이 많다. 　기초운이 불안하고 전체적으로 운세가 불안정하다. » 뜻밖의 재난이나 급변으로 어려움이 많이 생기는 운이다. 　재난으로 마무리 짓지 못하는 일이 자주 생기게 된다. 　재산과 생명의 위험이 있다. » 가정운도 길하지 않다. 부부운이 없고 고독하게 지내는 삶이다. » 건강상으로는 심장, 뇌, 위장병, 순환기 계통의 질환에 유의해야 　한다.
金土	金土木 (흉) 평지풍파격	» 자존심이 강하고 굽힘이 없다. 환경이 불안하고 인덕도 없다. » 순조롭게 성공하다가도 불안정한 생활로 바뀌게 된다. 　항상 노력하지만, 실속이 없고 결실이 없다. » 가정운도 원만하지 못하다. 부모, 형제의 덕이 없고 부부 사이에 　불화가 심하다. 일생 동안 안정된 생활을 찾기 힘들다. » 건강도 좋지 않으니 유의해야 한다. 간과 폐 기능 약화, 당뇨병을 　조심해야 한다. » 성명 각격(各格) 중 수리가 흉이면 단명하게 되는 운이다.
	金土火 (길) 고목봉춘격	» 사교성이 풍부하다. 기초운이 튼튼하여 목적 한 바를 얻게 되고, 　부귀영화를 누리게 된다. » 성공과 발전이 순탄하다. 가정적으로도 안정적이다. 　배우자운이 좋고 자녀가 효도한다. » 영화(榮華)가 대대로 이어지게 된다. 건강도 매우 좋다. 　단, 혈압성 질환만 유의하면 장수하게 된다. » 간혹 흉이 있을 수도 있으니 조심해야 한다.

金土	金土土 (길) 자수성가격	» 지혜가 풍부하고 노력형이다. 대인 관계가 원만하고 사회 활동 또한 순조롭다. 따라서 순조롭게 성공하여 부와 명예를 얻게 된다. » 인덕도 있으니, 윗사람의 도움을 받게 된다. 가정도 원만하다. » 부모가 화목하고 배우자운도 있어 화목한 가정을 이루게 된다. 집안의 화평이 자손까지 이어지게 된다. » 심신 또한 건강하니 장수하게 되는 대길한 운이다. 성명 각격(各格) 중 수리가 길로 되어 있으면, 더욱더 길한 운을 갖게 된다.
	金土金 (길) 의외득재격	» 매사 원만하고 적응력이 뛰어나다. 부모의 덕으로 초년부터 행복하다. 중년에는 횡재하게 되는 운이다. » 순조롭게 발전하여 성공하니 어려움이 없다. 가정적으로도 매우 길(吉)하다. » 부부 사이가 화목하고 부모, 형제가 화합하니 행복한 가정을 갖게 된다. » 자녀 또한 효도하니, 남부러운 것이 없게 된다. 평생 행복한 생활을 누리겠다. » 정치, 경제, 문화계로 진출하면 크게 성공한다. 건강도 좋으니 장수하게 된다.
	金土水 (흉) 재변재난격	» 활발한 성격이지만, 매사 급한 면이 있다. 일시적인 부를 얻을 수 있겠으나 돌발적인 재난, 조난으로 실패하게 된다. 인덕이 없다. » 집과 직업도 자주 바뀌고 주위 환경이 안정되지 못하다. 금전적으로도 안정되지 못하며 마음이 불안한 생활을 계속하게 된다. » 가정적으로도 안정되지 못하다. 부부 사이에 의견 대립이 심하고, 자식덕도 없다. 건강도 원만하지 못하다. » 신장 계통의 질환, 관절염, 심장 질환에 유의해야 한다. 어린이는 외상을 입을 수 있으니 신경 써야 한다.

金金	金金木 (흉) 평생병고격	» 성격이 지나치게 예민하고 고집이 세다. 크게 성공할 수 있지만, 기초가 불안하고 내적으로 실속이 없어 실패하게 된다. » 경제적으로도 불안정하여 재산의 손실을 가져오고, 매사 일을 성사시키기 어렵다. 수심이 많을 운이다. » 가정적으로도 불길한 운이다. 부부 사이가 원만하지 못하고, 자손덕이 없으며 자녀가 불효한다. » 건강도 좋지 못해 신경 쇠약, 폐 질환, 두통, 외상, 혈압성 질환으로 고생하게 된다. » 성명 각격(各格) 중 수리가 흉(凶)이면 반신불수가 되는 매우 좋지 못한 운이다.
	金金火 (흉) 패가망신격	» 고집이 세고 성격이 급한 편이다. 의지가 약하며 독단적인 면이 있다. 대인 관계가 원만하지 못하고, 인덕이 없다. » 내실이 불안하여 실패만 거듭하게 된다. 일시적인 성공이 있더라도 뜻밖의 재난으로 실패하고 만다. » 금전적인 운도 따르지 않아 경제적으로도 고달픈 신세다. » 가정운도 좋지 않다. 부부 사이에 불화가 자주 생기고 생리사별하게 되는 운이다. » 자식덕 또한 없다. 항상 과로하고, 심신이 편한 생활은 어렵겠다. » 심장병, 간 질환에 유의해야 하고 운전도 조심해야 한다.
	金金土 (길) 대지대업격	» 머리가 명석하고 성격은 강하다. 순조롭게 성공하여 뜻한 바를 이루게 된다. » 크게 성공하여 부와 명예를 얻을 수 있다. » 가정운도 행복한 운이다. » 부부운이 좋아 좋은 인연을 만나게 되고, 화목한 가정을 이룰 수 있다. » 심신이 평안하여 건강도 좋으니 장수하게 된다. 성명 각격(各格) 중 수리가 길하면, 발전이 빠르게 작용된다. » 불길하면 의외의 재화가 발생하게 되고, 질병이나 조난으로 단명하게 된다.

金金	金金金 (흉) 가정불안격	» 재능이 뛰어나지만, 융통성이 부족하여 잘난 척을 하는 기질이 있다. 성공운은 따르지 않는다. » 다른 사람으로부터 비난을 받을 수 있으니, 항상 언행을 조심해야 한다. » 삶에 고난과 역경이 많아 좌절하거나 실패하는 일이 많다. 금전운도 좋지 않아 경제적으로도 많은 어려움이 생긴다. » 가정운도 길(吉)하지 못하다. 가족이 서로에게 불평과 불만이 많다. » 자녀도 불효한다. 건강도 좋지 못해 신경성 질환, 당뇨병, 간경화에 신경 써야 한다. 급변, 급사가 항시 도사리고 있으니 주의해야 한다.
	金金水 (길) 발전향상격	» 의지가 강하고 외유내강의 성품이다. 성공운이 순조롭다. 사회적으로 이름을 널리 알리겠다. » 가정운도 좋은 운이다. 부부 사이가 다정다감하고 화합이 잘 이루어지며, 자손운 또한 좋다. 전체적으로 안정된 운이다.
金水	金水木 (길) 발전성공격	» 온화한 성격에 재능이 뛰어나다. 조상이나 웃어른의 도움으로 큰 노력 없이 성공이 순조롭다. » 성공, 발전하여 부와 명예를 얻게 된다. 가정운도 안정적이다. 배우자운이 좋아 건실한 상대를 만나게 되고, 형제간에도 우애가 깊다. » 만사형통하는 운을 가졌다. 건강도 나쁘지 않으니 장수하게 된다. » 성명 각격(各格) 중 수리가 흉(凶)이면 자손이 불효하고, 위장병, 신장병, 폐 질환으로 단명하게 되는 운이다.
	金水火 (흉) 선무공덕격	» 노력형으로 뛰어난 재능을 갖추었으나, 예민한 성격에 신경질적인 면이 있다. » 성공, 발전이 오래가지 못하고, 차츰 기울어지는 운이다. 금전운도 좋지 못하고 경제적 어려움을 겪게 된다. » 가정운 역시 길하지 못하다. 가족 간에 갈등이 생긴다. » 건강상 심장병, 혈압성 질환, 신경성 질환으로 고생하거나 단명하게 되는 운이니 유의해야 한다.

金水	金水土 (흉) 패가망신격	» 의지가 강하여 굽힘이 없으나 고집이 세다. 겉으로는 안정된 것 같으나 내면으로 실속이 없다. » 의외의 성공이 있더라도 속이 비어 있으니, 점점 기울어지는 운세이다. » 금전운이 따르지 않아 경제적으로도 고통이 많다. 가정적으로도 불안하다. » 부부 사이에 화합이 이루어지지 않으며 이별수까지 있다. 자식도 불효한다. » 건강상 폐 질환, 순환기계 질환, 관절염으로 고생하게 되는 운이니 유의해야 한다.
	金水金 (길) 부귀안태격	» 명랑하고 쾌활한 성격으로 사교성이 원만하다. 윗사람의 도움으로 크게 성공한다. » 사회적으로 안정되고 크게 출세하여 뜻한 바를 어렵지 않게 이룬다. » 가정적으로도 매우 길(吉)하다. 배우자운이 좋아 부부 사이가 행복하고, 자손이 번영하니 가정이 화평하게 된다. » 안팎으로 부귀공명을 얻게 된다. 건강도 좋아 무병장수하게 되는 운이다.
	金水水 (길) 발전평안격	» 활발하고 명랑하며 사교성도 좋다. 기초운 또한 튼튼하여 순조롭게 발전, 성공한다. 부와 명예를 함께 얻게 된다. » 윗사람의 도움도 있으니, 어려움이 없겠다. 가정운도 길하다. 부부 사이가 화목하고 금슬이 좋으며, 자손덕도 보아 일생을 행복하게 보내게 된다. » 성명 각격(各格) 중 수리가 흉(凶)이면 후반기에 어려움이 있다.

水		
水木	水木木 (길) 일광춘성격	» 외유내강, 노력형이다. 처음에는 어려움이 따르더라도 점차 나아지니 성공, 발전하게 된다. » 조상이나 웃어른의 도움도 따른다. 또 명예가 따르고 재복이 함께하니 길하다. » 가정운도 복되다. 착실한 상대를 만나게 되고 자녀까지 영달하게 된다. » 자손덕까지 볼 수 있으니 한평생 행복한 생활을 누린다. » 건강도 좋아 장수하게 된다. 전문직으로 진출하면 크게 성공하게 된다.
	水木火 (길) 입신출세격	» 감수성이 예민하고 이해력이 많으며, 의지가 굳은 사람으로 노력형이다. » 성공운이 순조롭고 윗사람의 도움도 있겠으니 별 어려움은 없겠다. » 만사가 순탄한 운이다. 가정운도 비교적 좋다. 부부 사이가 화목하고, 자손운도 좋아 영리한 자손을 얻게 된다. » 매사 평탄한 삶이다. 건강은 약간 좋지 못하므로 유의해야 한다.
	水木土 (흉) 망망대해격	» 친화력이 좋아 일시적인 성공은 거두겠으나 예기치 못한 재앙을 만나 어려움을 겪는다. » 초년은 원만하게 지나지만 결국 재산을 탕진하고 타향에서 떠돌게 된다.
	水木金 (흉) 일길일흉격	» 온순한 성품이지만, 신경이 과민하다. 부모의 덕이 있어 일시적으로 성공하고, 겉으로는 순조롭게 보이지만 안으로 실속이 없고 오랫동안 성공을 유지하지 못한다. » 모든 일을 중도에 실패하거나 좌절하게 된다. 금전적으로 고생이 있으며, 상승하지 못하는 운이다. » 가정운도 길하지 못하다. 부부 사이가 화합하지 못하고 자녀 때문에 걱정이 생기게 되니 홀로 고독한 생활을 하게 된다. » 여자는 남편덕이 없다. 건강도 좋지 않아 간장 질환, 두통, 신경성 질환, 심장 질환, 관절염으로 고생하게 되니 유의해야 한다. » 특히 어린이는 교통사고를 주의해야 한다.

水木	水木水 (길) 청풍명월격	» 감수성이 풍부하고 머리가 명석하다. 노력을 많이 하여 목적한 바를 이루게 된다. 부귀공명하게 된다. » 가정적으로도 길하다. 부모와 형제의 덕이 있고, 부부 사이에 화합이 이루어진다. » 자손 또한 영화롭다. 초년은 어려움이 있으나 중년 이후에 크게 성공을 이루게 되는 운이다. » 건강상 당뇨병만 신경 쓰면 별다른 질병은 없겠다. 그러나 성명 각격(各格) 중 수리가 흉(凶)이면, 불의의 재난이 따른다.
水火	水火木 (흉) 백전백패격	» 친절한 면이 있지만, 조급한 성격에 신경이 예민하다. 일시적인 성공은 있겠으나, 중도에 몰락하게 된다. » 생활에 안정이 없고, 역경이 많다. » 인덕이 없고, 좋지 않은 일이 자주 발생한다. 가정운도 기대할 수 없다. » 부모, 형제의 덕이 없고 부부 사이에 의견이 맞지 않는다. 가정에 화목이 없다. » 건강도 좋지 못하다. 신경성 질환, 심장 질환, 뇌출혈, 자살 등으로 단명하게 되는 운이다.
	水火火 (흉) 일엽편주격	» 정직한 면을 갖고 있으나, 조급한 성격에 신경질을 잘 내는 단점이 있다. » 끈기가 부족하여 시작은 잘해도 모든 일을 마무리 짓지 못하니 성공이 없다. » 일시적인 성공이 있더라도 재화가 생겨 실패하게 된다. 가정운도 불길하다. » 부부 사이에 대립이 끊이지 않고, 부모의 덕이 없고, 자식을 잃게 되는 운도 있다. » 건강도 좋지 못하다. 신경성 질환, 심장병, 순환기 계통의 질환을 조심해야 한다.

水火	水火土 (흉) 선빈후곤격	» 예민한 성품에 급한 성격을 갖고 있어 끈기가 부족하다. 기초가 튼튼하여 일시적인 성공이 있을 수 있으나, 불행한 운이 니 중도에 실패하게 되거나 불의의 재화를 당하게 된다. » 생활의 안정이 없으니 직업이나 주거의 변동이 심하다. 돌발적인 사고나 재난이 항시 따른다. » 가정운도 좋지 않다. 부부 사이에 정이 없고 생이별을 하고 자식 운도 없다. » 건강상 심장 질환, 신경성 질환, 당뇨병을 유의해야 한다.
	水火金 (흉) 심신파란격	» 신경이 예민하고 조급한 성격을 갖고 있다. 노력을 하지만, 안으 로 실속이 결여되어 있다. 매사 장애와 고난이 따르는 운이다. » 주위 사람으로부터 구설수가 우려된다. 가정운도 좋지 않다. 부 모, 형제의 덕이 적고, 부부 사이에 불화가 많다. 자손덕 또한 기 대하기 어렵다. » 심신이 편하지 않으니 건강도 좋을 리가 없다. 신경성 질환, 심장 질환, 관절염을 주의해야 한다.
	水火水 (흉) 대해풍란격	» 조급한 성격에 잘난 척을 하는 기질이 있다. 성공운이 없어 매사 되는 일이 없고, 생활에 어려움이 많다. » 평생을 고생하다 불행하게 삶을 마치기 쉽다. 가정운도 좋지 않다. » 부모, 형제의 덕이 없고, 부부 사이에 생이별을 하게 되는 운이다. » 건강도 좋지 못하다. 신장 계통의 질환, 위장병으로 고생하거나 단명하기 쉽다. 각별히 신경을 써야 한다.

水土	水土木 (흉) 풍전등화격	» 감수성이 예민하고 편견이 많고 허영심이 있다. 기초운이 부족하고 환경이 불안정하다. » 여러 장애가 자주 따르고, 일시적인 성공은 있으나 실패를 거듭하게 된다. » 인덕도 기대하기 힘들다. 가정운 또한 길하지 못하다. 부부 사이에 불화와 이별수가 있다. » 삶을 살아가는 데 어려움이 많이 따르고 수심이 가득하다. » 건강도 좋지 못하다. 기관지 계통 질환, 간 질환, 위장병에 유의해야 한다. » 성명 각격(各格) 중 수리 구성이 흉으로 되어 있으면, 여자는 결혼을 늦게 하는 것이 좋다.
	水土火 (흉) 일엽편주격	» 자존심이 강하며 허영심이 많다. 기초운이 안정되어 잠시 성공의 길을 가게 되지만, 오래가지 못하고 실패를 하게 된다. » 금전운이 좋지 않아 경제적으로도 불안하다. 직업과 주거의 변화가 많으니 생활에 안정이 없다. » 가정운도 좋지 않다. 부모와 형제의 덕이 없고 부부 사이가 화목하지 못하니 가정이 불행하다. » 건강도 좋지 않다. 신경성 질환, 신장 질환, 위장병에 유의해야 한다.
	水土土 (흉) 강상풍파격	» 허영심이 있고 자존심이 강하지만, 활발하지 못하고 소극적이다. 충실히 노력하여 약간의 성공은 있겠으나, 운수가 불길하다. » 노력한 만큼의 대가는 얻지 못하고 발전이 없다. 금전운이 적어 경제적으로 어려움이 생기고, 인덕(人德)이 없어 운세가 따르지 않는다. » 가정운도 기대할 수 없다. 부부 사이에 불화가 많고, 가족이 분산되는 일이 생긴다. 고독한 운을 가졌다. » 건강상 위장병, 신경성 질환, 간 기능 약화 등에 유의해야 한다.

水土	水土金 (반흉반길) 선고후안격	» 세밀한 성격에 신용도 있다. 그러나 소극적인 성격에 자존심이 강하다. » 초기에는 일을 잘해 나가도 마무리가 부족하니 성공을 하지 못하고 노력한 만큼의 대가를 얻지 못한다. » 초지일관하지 못하여 실패를 반복하지만 중년부터는 경제적으로 편안함을 얻는다.
	水土水 (흉) 속성속패격	» 자존심이 강하고 허영심이 많다. 운세가 불안하고 성공운이 약하다. 따라서 하는 일마다 장애가 따르고 발전이 어렵다. » 일시적인 성공이 있더라도 경제적으로 곤란을 겪게 된다. » 가정운도 안정되지 못하다. 부모, 형제와 불화하게 되고, 가족 간에 이별수가 있다. » 건강도 좋지 않다. 뇌출혈, 위장병, 심장병을 주의하고 교통사고에 각별히 신경 써야 한다.
水金	水金木 (흉) 속성속패격	» 신경이 지나치게 예민하고 세심하며, 의심이 많다. 초기에는 순조롭고, 만사형통하여 풍족하지만 끝맺음이 없고 돌발적인 화로 실패하게 된다. » 금전운이 따르지 않으니 경제적으로도 불안하고, 주변 환경 또한 불안하다. 가정운도 안정되지 못하다. » 부부 사이에 합심이 어렵고 갈등이 많다. 부모와 일찍 이별하고 자녀도 불효한다. 안팎으로 많은 재난과 고난을 겪게 되는 운이다. » 건강도 좋지 않다. 폐 질환, 신경통, 외상, 신경성 질환에 유의해야 한다.

水金	水金火 (흉) 개화광풍격	» 활발한 성격이지만, 말을 경솔하게 하는 편이라 말과 행동이 일치하지 않는다. » 성공운이 부족하여 성공을 하더라도 운세가 기울어 실패를 하게 된다. » 일생 동안 행운은 누리기 어렵겠다. 금전운이 없어 수입보다는 지출이 많고 경제적 어려움이 많이 따른다. » 가정운도 길하지 못하다. 부모와 인연이 없고, 가정불화가 있으며 이별수까지 있다. » 건강도 좋지 않다. 신경통, 위장병, 폐 질환, 신경성 질환에 유의해야 한다.
	水金土 (길) 발전성공격	» 머리가 명석하고 총명하며 노력형이다. 성공운이 순조로우니 운수가 대통하겠다. » 뜻한 바를 어렵지 않게 얻을 수 있다. 가정운도 길하다. » 형제간에 화목하고, 부부 사이도 다정다감하다. 자녀들도 효도한다. 자손 역시 성공하니 일생 평안한 운이다. » 건강운 역시 좋아 장수를 누리게 된다.
	水金金 (길) 순풍순성격	» 두뇌가 명석하고 뛰어난 지혜를 갖고 있다. 성공운도 좋으니 순조롭게 성공, 발전한다. » 부와 귀를 모두 얻으며, 뜻한 바를 어렵지 않게 얻을 수 있다. » 가정운도 복되다. 부모, 형제와 화목하고 부부 사이 역시 좋다. » 안팎으로 평안한 삶이다. 건강 또한 좋으니 장수를 누리게 된다.
	水金水 (길) 어변용성격	» 온화하고 겸손한 성품을 지녔다. 운수가 매우 길하다. 뜻한 바를 어렵지 않게 얻게 되고 행복을 누리게 되는 운이다. » 부귀와 명예를 얻게 되고 출세운도 순조롭다. 가정적으로도 안정된다. » 부부 사이가 화목하고 영특한 자손도 얻게 된다.

水水	**水水木** **(길)** **만경창화격**	» 활달한 성품이지만, 자신을 과신하는 기질이 있다. 꾸준히 노력하여 크게 성공한다. » 성공운이 순조롭고 환경이 안정적이기 때문에 어려움이 없다. 가정도 안정적이다. » 부부 사이가 화평하고 자녀들도 효도한다. 만사가 순탄한 운이다.
	水水火 **(흉)** **낙마실족격**	» 신경이 지나치게 예민하고 신경질적이며 자만심도 강하다. 하는 일마다 뜻밖의 재화나 재난으로 어려움을 겪게 된다. » 경제적으로도 안정되지 못하고, 집과 직업에 변화가 많으니 안정된 생활은 어렵다. » 가정운도 길하지 않다. 부모와 일찍 이별하게 되고, 형제와도 인연이 없다. » 부부 사이에 의견 대립이 빈번하며, 처자와 생이별하게 되는 운이다. » 건강운도 좋지 않다. 심장 질환, 혈압성 질환, 위장병에 유의해야 한다.
	水水土 **(흉)** **백모불성격**	» 총명하지만, 자만심이 강하고 급한 성격을 지녔다. 인덕이 없고 일시적인 성공이 있더라도 뜻밖의 재난이나 급변으로 실패하게 된다. » 금전운도 좋지 않으며, 하는 일마다 장애가 따르니 평생 불안한 생활만 하게 된다. 가정운 역시 좋지 않다. » 부부 사이에 생이별을 하게 되고 자식덕도 기대하기 어렵다. 자녀가 불효하니 심신이 고달프기만 하다. » 건강운도 길하지 못하다. 신장 질환, 관절염, 심장병, 혈압성 질환에 유의해야 한다.

水水	水水金 (길) 춘일방창격	» 머리가 총명하며 노력형이다. 기초운이 튼튼하여 성공운이 순조롭다. » 만사가 순조로우니 부와 명예를 얻게 된다. 그러나 방탕한 생활을 하면 불행을 자초하게 된다. » 가정적으로도 부부 사이가 화목하니 복(福)된 운이다. 건강상으로도 말년에 신경성 위장병과 당뇨병만 유의하면 건강한 편이다.
	水水水 (흉) 평지풍파격	» 활동적이지만, 자만심이 강하다. 초년의 운이 순조로우니 일시적인 성공은 있겠으나 뜻하지 않은 재앙으로 오래가지 못하고 실패를 가져온다. » 하는 일마다 실패를 가져오니 뜻한 바를 이루기 어렵다. 가정운도 길하지 못하다. » 부부 사이에 불화가 심하여 고독한 생활을 하게 된다. 건강운도 따르지 않으니 신장 질환, 심장병, 급변 등으로 고생하게 되는 운이다.

어떤 스승, 한근태 작가님

새벽 6시, 이 시간에 나를 깨어 있게 한 한 사람.

어느 날 우연히 유튜브를 통해 한근태 선생님의 강의를 듣게 되었다.

나는 매일 생산적인 일을 하지 않으면 불안한 사람이다. 그리고 꽤 열심히 살아왔다고 은근히 자신했다. 그러나 67세인 지금까지 책을 40권 썼다는 한근태 선생님의 말에 할 말을 잃었다. 새벽 3시 30분에 기상하여 일을 한다는 그분. 아직 대면한 적도 없는데 부지런한 근성에 무한한 동질감을 느낀다.

공부는 내가 원하는 상태(To be)의 나와 현재 상태(As is)인 나와의 간극을 좁혀 나가는 것이라는 그분의 '공부의 재정의'에 가슴이 설렌다. 이처럼 명쾌한 정의가 있을까. 원하는 미래가 분명하게 설정되어 있다면, 지금의 나는 그 길에 도달하기 위해 벌어진 간극을 계속 좁혀 나가야 한다.

한 선생님은 중·고등학교 6년 동안 열심히 공부해야 하는 이유에 대해서 이렇게 말했다. "우리나라에서는 6년 동안 열심히 공부해서 좋은 대학에 가게 되면 평생 자신을 증명하지 않아도 된다."

한 선생님은 서울대학교를 나왔고, 국비 유학생으로 유학을 가서 공학 박사 학위를 취득했다고 한다. 그리고 그 후광으로 지금까지 자신을 증명하지 않아도 되는 과분한 혜택을 누리며 살아왔다고....... 열심히 공부하지 않은 대가는 평생 지불해야 한다는 말의 의미를 지금의 청소년들이 깨달을 수만 있다면 얼마나 좋을까.

우리나라에선 좋은 대학을 못 나오면 평생 자신을 증명하느라 애써야 한다.

맞다. 나는 일류 대학 학벌도 없이 나를 증명하기 위해, 나의 결핍을 채우기 위해 평생을 몸부림치듯 살아왔다. 웬만한 가정에서 태어난 친구들보다 몇 배 더 피나는 노력을 해야만 했다. 수많은 시행착오를 거치며 뒤늦게 박사 공부까지 한 이유는 생각해 보니 결핍이 원인이었다. 한 선생님의 말에 백번 동의하면서도 '공부에 집중할 수 없는 환경에서 자란' 나는 자꾸 변명이 떠오른다. 이것도 자기 증명이리라.

나의 어린 시절, 아버지 대신 가족의 생계를 책임져야 했던 어머니. 그로 인해 나는 아홉 살 때부터 주부가 되어 있었다. 위로 세 오빠가 있었는데도 집안의 허드렛일은 자연스레 내 몫이었다. 쌀밥을 구경하기 어려운 날이 더 많았다. 그래도 어제는 수제비, 오늘은 칼국수를 꼬막손으로 만들어 끼니마다 새로운 밥상을 차려 냈다. 가끔은 수제비 속에 손바닥보다 더 큰 반죽 덩어리를 넣어 3명의 오빠를 놀라게도 했다.
돌이켜 보면, 아이 때부터 여자라는 시대적(?) 숙명을 받아들였던 것 같다. 나보다 연상인 세 오빠가 있었는데도, 나는 집안일하는 것을 억울해하지도 외면하지도 못했다.
잘못된 교육의 힘이 때론 폭력이 될 수도 있다는 것을 그때 상상조차 하지 못했다. 그 폭력의 대상이 나였던 것도 이제야 깨닫는다.

책상 하나를 펼칠 수 없는 좁은 공간, 여섯 식구가 지하 단칸방에서 살았다. 우리 4남매는 점점 더 자라났고 없는 살림에 매 끼니를 차리는 것은 쉬운 일이 아니었다. 치열하게 공부에만 집중해야 하는 학창 시절에도 나는 공부보다 생계가 우선이었다. 당시 나의 소원은 부자로 사는 것이 아니었다. 맘 편히 쉴 수 있는 환경이 필요했다. '가난해도 사랑받으며 살 수만 있다면, 그것만으로도 행복할 텐데…….'라고 생각했다. 비가 억수같이 내리던 어느 새벽, 어머니와 나는 술 취한 아버지를 피해 무작정 달려야 했다. 잊히지 않는 기억이다. 온 가족을 불안에 떨게 하던 지하 단칸방. 그 실낱같은 안식마저 허락되지 않던 시간. 지워 버리고 싶던 나의 어린 시절들.

지금의 나는 너무나 평온하다.
지나간 날들도 현재도 감사하다. 그런 혹독한 어린 시절이 있었기에, 지금의 내가 있다고 말할 수 있을 만큼의 여유가 생겼기 때문일 것이다. 중·고등학교 시절 나의 별명은 악바리였다. 악바리가 되지 않았다면, 나는 그 시간을 견뎌 낼 수나 있었을까. 아버지의 주사를 견디지 못하고 어머니가 도망가면 어쩌나. 나는 어머니의 부재에 대한 공포에 시달렸다. 그래서 집안일을 더 열심히 했던 것 같다. 꼬막손으로 어머니를 붙잡아 두려고……. 다행히 아버지가 돌아가실 때까지 어머니는 우리 곁을 떠나지 않았다. 지금도 가끔 어머니가 버텨 내지 못하고 우리 곁을 떠났다면 어땠을까 무서운 상상을 하며 진저리를 치곤 한다.

한 선생님 덕분에 오랜만에 어린 시절을 떠올려 봤다.
2022년 2월부터 집필하여 5개월 만에 『명리적성 비법노트』 책을 출간했다. 감사하게도 명리학 분야 베스트셀러 1위에 올랐다. 공동 저서였다.
첫 번째 책, 『명리적성 비법노트』가 6월 편집에 들어가고 나서 두 번째로 쓰기 시작한 책 『작명개운법』이 출판 단계에 있다. 젊은 날 인생 계획에 없던 두 권의 책을 출간하는 이 여정은 2022년 2월부터 9월까지 불과 8개월 사이에 일어난 일이다. 원인 없는 결과가 없듯 그동안 무수히 찍어 놓은 점이 순식간에 선으로 이어진 것이다.
이제 눈으로 보이는 결과물이 나를 설레게 한다.

새벽 시간 스터디 카페에 있도록 동기 부여를 해 주신 한근태 선생님을 만나 볼 날을 고대한다. 몇 달간 새벽 시간을 알뜰히 사용한 덕에 순조롭게 두 번째 책이 완성되었다. 나는 닮고 싶은 모습을 보면 금방 따라 한다. 앞으로도 한 선생님의 발자취를 따라 걸을 예정이다. 나 자신을 갈고닦을 때 이정표가 되는 스승이 있다면, 어찌 따르기를 주저하겠는가. 그동안 나는 참다운 스승 만나기를 얼마나 간절히 원했던가.
『명리적성 비법노트』 프롤로그 첫 줄이 '답설야중거'로 시작되는 서산 대사의 시였다.
오늘 내가 걸어간 발자국이 훗날 뒷사람의 이정표가 된다는…….

닮고 싶은 족적을 남겨 주신 한근태 선생님께 허락 없이 장황하게 초대했음을 머리 숙여 양해를 구한다.

- 닮고 싶은 스승을 만난 기쁨에 감사하며 -

자원오행 -

4장

01 자원오행(字源五行)의 의미

자원오행이란 한자가 본질적으로 가지고 있는 오행의 기운을 말한다.

한자는 사물의 형상을 보고 만들어졌으므로 글자가 본래 가지고 있는 의미가 중요하다. 그 형상 안에 오행이 내포되어 있다. 즉, 한자의 근본을 따져서 그 한자가 어느 오행에서 왔는지를 파악하는 것이다.

작명 중 **가장 영향력이 강한 것이 바로 자원오행**이라 할 수 있다. 발음오행은 양(陽)에 해당하고 자원오행은 이름 자체가 가진 오행을 뜻하므로 음(陰)에 해당한다. 음양이 운명에 미치는 영향은 조금씩 다르게 나타나는데 양은 급하게 나타났다가 끝이 흐지부지해지며 음은 천천히 효과가 나타나지만 오래도록 확실한 효과를 볼 수 있다. 자원오행은 족보, 땅문서, 사령장, 공고문 등에 기록될 때 그 영향력이 강하게 나타나며 실제 운명을 좌우하는 가장 큰 요소라 할 수 있다.

자원오행이란 글자가 기본적으로 내포하는 의미를 오행으로 분류한 것이다.

이를 구분하는 기준은 **해당 글자의 부수로 보는 방법과 글자의 용도, 재질, 의미 등으로 오행적인 분류**를 하는 방법이 있다. 하지만 부수가 木, 火, 土, 金, 水 중 어느 것에도 속하지 않거나 용도별로 상반된 의미를 가진 한자도 많으니 반드시 **정확한 확인 작업**을 해야 한다.

자원오행 작명법은 사주에 필요한 기운(용신, 희신, 격국, 고립 유무)이 무엇인지를 파악하고 이를 보충해서 작명을 하게 된다. 이름이 좋은지 안 좋은지는 사주가 필요로 하는 용신과 희신을 정확하게 적용시켰는지로 판단할 수 있다.

작명사마다 작명법이 달라 어떤 작명사는 발음오행과 수리오행만을 사용하여 작명을 하기도 한다. 필자는 음양의 조화, 발음오행, 자원오행, 수리오행(원형이정)을 동시에 적용시켜 정통 기법으로 작명을 하고 있다.

02 글자 부수에 따른 자원오행 분류

오행	글자 부수
木 오행	걸(杰), 근(根), 동(東), 류(柳), 박(朴), 본(本), 이(李), 삼(杉)
火 오행	성(性), 견(見), 렬(烈), 병(炳), 환(煥), 경(炅), 현(炫), 소(昭)
土 오행	당(堂), 량(良), 무(武), 미(美), 준(埈), 곤(坤), 규(圭), 배(培)
金 오행	금(錦), 령(玲), 민(玟), 은(銀), 음(音), 갑(鉀), 현(鉉), 단(鍛)
水 오행	구(求), 영(永), 강(江), 락(洛), 수(洙), 영(泳), 천(泉), 홍(泓)

03 자원오행을 무시하는 작명사

작명사 중에는 **자원오행을 무시하는 작명사**가 있다. 자원오행은 사주에 필요한 오행을 넣어 줌으로써 부족한 것을 보완해 준다.

자원오행을 무시하고 무엇으로 보완을 해 줄 것인가?

자원오행을 무시하는 이유는 그 **작명사가 명리학을 공부하지 않았거나 용신 뽑는 방법을 모르기 때문**이라고 생각된다. **자원오행을 무시한 작명은 무의미하며 선천 운명을 보완하는 후천 학문으로서의 의미가 없어져 버린다.**

04 자원오행의 중요성

필자는 **작명 기법 중에서도 가장 핵심 기법이 자원오행**이라고 생각한다. 선천적으로 타고난 사주는 바꿀 방법이 없다. 그래서 후천적으로 작명을 통하여 **사주에 맞게 보완하는 것**이다. 맞춤형 작명을 하기 위해서는 **명리학 공부가 반드시 선행**되어야 한다.

필자는 대한명리작명학회 회장직을 맡고 있다. 그리고 고유 번호가 부여된 공인 **명리작명사 자격증 제도를 실시하여 자격증을 부여**하고 있다. 자격증을 명리작명사라 명명한 것은 명리를 배우지 않은 사람에게는 **명리작명사 자격증**을 부여하지 않기 때문이다.

자원오행을 적용하기 위해서는 사주의 **용신(用神), 희신(喜神), 기신(忌神), 구신(仇神), 한신(閑神) 등 5개 신을 찾아낼 수 있는 능력**이 있어야 한다. 사주의 용신과 희신 분석에 통달하지 못하면 자원오행 기법을 적용할 수 없다.

용신과 희신은 사주에 반드시 필요한 오행으로 이름의 상명자, 하명자를 적소에 배치해 주어야 좋은 이름이 된다.

필자가 쓴 『명리적성 비법노트』에 용신을 뽑는 비법을 설명해 두었으니 참고하기 바란다. 자신만의 용신 뽑는 관법이 있다면 그것을 사용하는 것도 좋다.

용신과 格에 대해 복습한다 생각하고 공부해 보기 바란다.

이 책은 사주명리학책이 아니기 때문에 자세하게 용신과 격국을 논하기는 어렵다. 사주의 용신 쓰는 법(조후용신, 억부용신, 격국용신, 병약용신, 통관용신 등)은 여러 종류가 있는데 **이 중에서 가장 중요하고 우선적으로 사용해야 하는 용신은 조후용신**이다.

사주는 균형을 맞춰 주는 것이 중요하며 그중에서도 巳午未月生에게는 水가 절실하며 亥子丑月生에게는 火가 절실하니 자원오행에서 용신을 쓸 때 **사주 원국을 살펴 반드시 조후를 맞춰 주는 것이 우선**이다.

05 자원오행은 상생을 적용하지 않아도 된다

자원오행은 사주와의 조화를 맞추기 위해 **특정 오행의 기운이 강한 글자를 선택적으로 사용하여 사주를 보완하는 것**이다. 그래서 한글 발음오행처럼 억지로 상생의 배열을 맞출 필요는 없다.

발음오행은 이름 3글자 모두를 연결하여 그 배합을 판단하지만 **자원오행은 성을 제외하고 이름의 자원오행을 찾아 판단한다.**

물론 자원오행의 배열도 상생이 되면서 사주와의 조화를 잘 맞출 수 있다면 그것이 가장 이상적이겠으나, 인명용 한자로 이름을 짓다 보면 그렇게 이상적인 한자 조합이 잘 나오지 않을 때가 많다.

그러니 **상생도 되면서 부족한 오행이나 용신을 함께 사용하기란 쉬운 일이 아니다. 어디서든 자원오행이 상극이라 흉하다는 말은 무시하기 바란다.**

예를 들어 어떤 사주에 습한 土가 필요하지만 木도 반드시 필요하다면 木剋土 상극이라 하여 필요도 없는 火를 넣어 火生土를 만들면 안 된다는 것이다. **상극이라 하더라도 필요한 용신과 절실한 오행을 보완하는 것이 맞는 작명법이다.** 이름을 감명해 주는 무료 앱에서는 자원오행도 상생이 되어야 하며 상극이 되면 많은 점수를 깎는다. 그래서 무료 앱에서 잘 지은 이름이라고 100점을 받는 것은 하늘에서 별을 따는 것보다 어렵다.

무료 앱은 어떻게 해서라도 낮은 점수를 주어 개명을 유도하니 믿음이 가는 작명사라면 작명사를 믿기 바란다. 단, 작명을 의뢰했을 경우 어떤 기준으로 하였는지 작명에 대한 설명은 상세히 듣기 바란다.

사주 구조가 선천적으로 성격상의 문제점이 나타날 우려가 있는 경우 작명으로 보완이 가능하다.

성격	사주 구조
진취성이 떨어지고 행동력이 부족한 성격의 이름 구조	» 목은 인을 상징하며 어질고 활동성과 대인 관계 능력이 있는 성향을 나타낸다. » 사주 내에서 목이 극을 당하고 이름에도 금의 기운이 많아 사주의 목의 기운을 극할 시에 발생한다. **(금극목)**
예의가 없고, 유시무종하며, 소심한 성격의 이름 구조	» 화는 예를 상징하며 활동성과 적극성, 자신감이 있는 성향을 나타낸다. » 사주 내에서 화가 극을 당하고 이름에서도 수의 기운이 많아 사주의 화를 극할 시에 발생한다. **(수극화)**
신용과 믿음이 없고, 포용력이 적은 성격의 이름 구조	» 토는 믿음을 상징하며 포용력, 신용, 고집, 끈기 있는 성향을 나타낸다. » 사주 내에서 토가 극을 당하고 이름에서도 목의 기운이 많아서 사주의 토의 기운을 극할 때 발생한다. **(목극토)**
의리가 없고 우유부단하며 스스로 자책감을 갖는 이름 구조	» 금은 의리를 상징하며 판단력과 의리, 분별력이 있는 성향을 나타낸다. » 사주 내에서 금이 극을 당하고 이름에서도 화가 많아서 사주의 금의 기운을 극할 때 발생한다. **(화극금)**
지혜가 부족하고 겁이 많으며 속이 좁은 사람의 이름 구조	» 수는 지혜를 상징하고 두뇌가 총명하며 도량이 넓고 편안한 성향을 나타낸다. » 사주 내에서 수가 극을 당하고 이름에서도 토가 많아서 사주의 수를 극할 때 발생한다. **(토극수)**

사주와 성명의 부조화로 인한 건강 문제

사주 구조가 선천적으로 건강상의 문제점이 나타날 우려가 있는 경우 작명으로 보완이 가능하다.

사주 구조	사주 구조	질병
금극목의 현상	» 사주에 묘유충(卯酉沖), 인신충(寅申沖), 갑경충(甲庚沖), 을신충(乙辛沖) 등이 있거나 약한 목(木)을 강한 금이 극을 하는 경우가 있다. » 이름에서도 강한 금(金) 기운이 약한 목을 극하는 경우 이러한 건강 문제가 발생한다.	» 간, 담(쓸개), 췌장, 뼈 움직임, 반응 기능상의 문제
수극화의 현상	» 사주에 자오충(子午沖), 사해충(巳亥沖), 병임충(丙壬沖), 정계충(丁癸沖) 등이 있거나 약한 화(火)를 강한 수 기운이 극을 하는 경우가 있다. » 이름에서도 강한 수(水) 기운이 약한 화 기운을 극하는 경우에 이러한 건강 문제가 발생한다.	» 순환계, 심혈관계, 안과, 정신과 표현 기능상의 문제
목극토의 현상	» 사주 내에 목극토 현상이 있거나 강한 목(木)이 허약한 토(土)를 극하는 현상이 있다. » 이름에서도 강한 목(木) 기운이 약한 토 기운을 극하는 경우에 이러한 건강 문제가 발생한다.	» 근육계, 생식기계, 비장, 위장, 유방, 비뇨기 계통 연결, 전달, 조정 기능의 문제
화극금의 현상	» 사주 내에 화(火) 기운이 강하여 약한 금(金)을 극하는 현상이 있다. » 이름에서도 강한 화(火)가 약한 금 기운을 극할 경우에 이러한 건강 문제가 발생한다.	» 골격계, 호흡계, 피부계, 대장, 폐, 뼈 분리 기능상의 문제

토극수의 현상	» 사주 내에 토(土) 기운이 강하여 약한 수(水)를 극하는 현상이 있다. » 이름에서도 강한 토(土) 기운이 약한 수 기운을 극하는 경우에 이러한 건강 문제가 발생한다.	» 비뇨기계, 혈액계, 체액(눈물, 콧물), 신장, 우울증, 불면증, 두통 체액 저장, 배설 기능상의 문제

 특정 오행이 사주와 성명에 과다할 때 발생하는 질병

사주의 특징	발생하는 질병
목이 많은 사주에 목이 많은 이름이면	» 목이 과다하니 간, 담(쓸개), 췌장, 뼈 질환이 발생한다. » 木훼土가 되어 위장 질환이 생긴다.
화가 많은 사주에 화가 많은 이름이면	» 화가 과다하니 순환계, 심혈관계, 안과, 정신과 질환이 발생한다. » 火훼金이 발생되어 폐, 대장 질환, 치통 등의 질병이 발생한다.
토가 많은 사주에 토가 많은 이름이면	» 토가 과다하니 비장, 위장 계통의 질환이 발생한다. » 土훼水로 신장, 방광, 자궁 질환, 당뇨 등 순환기 질환이 발생한다.
금이 많은 사주에 금이 많은 이름이면	» 금이 과다하니 골격계, 호흡계, 피부계, 대장, 폐 계통의 질환이 발생한다. » 金훼木이 되어서 간장 질환, 췌장, 뼈 질환이 발생한다.
수가 많은 사주에 수가 많은 이름이면	» 수가 과다하니 비뇨기계, 신장, 우울증, 불면증 계통의 질환이 발생한다. » 水훼火가 되어서 심장 질환, 정신 질환 등이 발생한다.

건강 향상을 위한 작명법

작명법	방법	건강
부족한 오행을 보강한다.	木이 약한 사주는 水木을 보충시킨다.	신장, 간장 기능 증진
	火가 약한 사주는 木火를 보충시킨다.	신경, 심장 기능 증진
	土가 약한 사주는 火土를 보충시킨다.	심장, 위장 기능 증진
	金이 약한 사주는 土金을 보충시킨다.	위장, 기관지 기능 증진
	水가 약한 사주는 金水를 보충시킨다.	폐장, 신장 기능 증진
충된 오행은 통관시킨다.	» 사주 내에 沖이 있어서 沖된 오행이 심하게 파손이 되면 통관을 시키는 오행의 기운을 이름에 보충한다. » 인신충(寅申沖), 묘유충(卯酉沖)으로 금극목으로 극을 하는 경우는 水로 통관시킨다. » 자오충(子午沖), 사해충(巳亥沖)으로 水火가 극을 하는 경우는 木으로 통관시킨다.	
조후의 균형을 잡는다.	» 조열한 사주나 냉습한 사주는 조후 기능을 해 주는 오행 기운을 이름에 보충한다. » 巳午未월에 나서 화기(火氣)가 강한 경우는 水 오행으로 조후를 보충한다. » 亥子丑월에 나서 한기(寒氣)가 강한 경우는 火 오행으로 조후를 보충한다.	

조후, 억부, 격국 용신의 의미

사주에서 필요한 오행을 적절하게 잘 사용하여 보완해 주는 것이 보완 학문으로서의 작명학의 역할이다. 하지만 작명사 중에는 사주를 공부하지 않고 발음오행만 상생시켜 작명을 해 주는 돈벌이에만 급급한 작명가들이 있다.

그래서 작명 시 사주의 명식을 정확하게 판단하여 어떤 용신을 사용할 것인지 명확하게 결정했으면 한다. 필자의 저서인 『명리적성 비법노트』에서 인용하여 용신의 종류와 용신을 잡는 비법에 대해 설명하도록 하겠다.

조후론, 조후용신 (궁통보감)	» 조후용신은 여름, 겨울생을 위주로 적용하며 사주 명식의 한난조습을 판단하여 用神을 결정하는데 주로 **건강과 궁합**을 볼 때 많이 사용한다. » 조후가 해결이 되면 컨디션이 좋다.
억부론, 억부용신 (적천수)	» 억부용신은 일간의 희망 사항이다. » 억부용신은 신강, 신약론에 바탕하여 用神을 잡는다. » **개인과 가정의 행복과 길흉화복을 알 수 있다.** (70% 해당: 부모 자식, 부부간의 일)
격국론, 격국용신 (자평진전)	» 格은 직업을 찾는 유용한 도구이다. » 일간은 본인이기 때문에 格이 될 수 없다. » 격국론은 格으로 그 사람의 그릇의 크기, 사회적 성공 여부를 알 수 있다. » 개인의 행불행과는 관계없이 격국은 대외적인 활동 무대를 말한다. » 사회적인 성공 여부와 사회적 활동을 나타내는 것으로 **개인의 행불행과는 관련이 없다.**

⑪ 用神 찾는 비법

		신강한 사주 (인비가 강함)		신약한 사주 (식재관이 강함)		
		인성	비겁	식상	재성	관성
억부 용신	용신	재성/식상	식상(70%)/ 관성(겁재 2개 이상)	인성	비겁	인성(90%) 인성 뿌리 X 식상
	희신	식상/재성	재성	비겁	인성	비겁
격국 용신	格	정인격 편인격	건록격 양인격	식신격 상관격	정재격 편재격	정관격 편관격
	用神	관성 (관인상생)	식상(70%)/ 관성(겁재 2개 이상)	재성 (식상생재)	식상 (식상생재)	인성 (관인상생)
통관용신		木土(火)	土水(金)	水火(木)	火金(土)	金火(水)
종격 사주		종강격 인성과 비겁	종왕격 비겁과 식상	종아격 식상과 재성	종재격 재성과 관성	종살격 관성과 인성
병약용신		고립 해소 用神(病이 되어 있는 用神에 약을 준다는 의미)				
조후용신		건강, 궁합 판단: 巳午未月 여름생(水) 亥子丑月 겨울생(火)				

- 80%의 명식은 위 공식을 따르지만 20% 정도는 사주의 전체적인 구성에 따라 예외가 있을 수 있다. 20%에 해당하는 예외 사항을 일일이 열거하기 어렵기 때문에 전반적으로 사용되는 비법을 기술하였다.

불용 한자와 불용 한자에 대한 소견

불용 한자는 성명학자마다 각각 다른 의견을 가지고 있다. 자원오행을 쓸 때 한자의 의미가 흉한 한자를 불용 한자로 분류한 것은 당연하다. 하지만 **뜻이 좋음에도 불구하고 불용 한자로 분류된 경우**가 있다. 요즘은 시대가 많이 변하였다. 이 불용 한자는 구시대적인 면이 많다. **한자 뜻이 좋음에도 불용 한자로 적용되는 것은 근거가 희박**하다. 사주도 예전에는 상관이 있으면 정관을 해친다고 하여 무조건 안 좋게 인식하였으나 지금 시대는 오히려 상관이 있는 사람이 융통성도 있고 창의성이 좋은 사람이라고 생각한다.

불용 한자로 분류된 것이 있어 쓰기는 하였지만 이름에 꼭 필요하고 뜻이 좋은 한자는 사용해도 무관하다고 생각한다. 시대가 바뀌면 사고방식도 새롭게 바뀌어야 한다.

불용 한자

| ㄱ | 갑(甲) 관재구설이 따르고 질병으로 고생한다.
경(慶) 허례를 좋아하고 배우자복이 박하다.
광(光) 부모, 형제의 덕이 없고 배우자복이 약하다.
구(九) 수의 끝, 종말을 의미하므로 흉한 의미를 지닌다.
구(龜) 단명할 수 있다.
국(菊) 고독하고 매사에 성사되는 일이 없다.
국(國) 연속적으로 실패하고 배신을 당하게 된다.
귀(貴) 변덕이 심하고 재산 손실이 따른다.
금(琴) 관재구설, 손재, 파산 등이 따른다.
금(錦) 실패, 파산 등을 당하고 배우자복이 박하다.
극(極) 부모덕이 없고 가난하다.
길(吉) 부모덕이 박하고 일이 지연된다. |

ㄴ	남(男) 배우자덕이 없으며 가정불화가 잦다.
	남(南) 허영심이 많고 배우자복이 박하다.
	녀(女) 천하고 고독하고 부모, 형제의 덕과 배우자복이 없다.

ㄷ	덕(德) 부모, 형제의 덕이 없고 여성은 부부간 불화가 발생한다.
	동(冬) 관재구설, 파직, 이성 문제가 발생한다.
	돌(乭) 천한 느낌을 주며 단명의 암시가 있다.
	동(童) 도모하는 일이 잘 이루어지지 않는다.
	대(大) 동생이 쓰면 형을 극한다.
	도(桃) 배신을 당하고 배우자덕이 박하다.

ㄹ	란(蘭) 변덕이 심하고 배우자복이 없다.
	룡(龍) 허상을 좇고 허망한 일이 많이 발생한다.
	료(了) 끝낸다는 의미로 사물의 종말을 뜻한다.

ㅁ	마(馬) 짐승처럼 비천함을 내포한다.
	명(命) 재액이 따르며 고독하다.
	명(明) 인덕이 없으며 구설이 따르고 질병이 있다.
	미(未) 신고, 고독, 무덕을 초래하기 쉽고 부부운이 박약하다.
	미(美) 부모덕이 없고 사업 실패, 형액을 당한다.
	만(滿) 먼저는 부유하나 후에 빈곤하게 된다.
	매(梅) 과부 또는 화류계 여성이 되기 쉽다.
	민(敏) 성질이 날카로워 불화를 초래한다.

ㅂ	복(福) 빈천하다.
	분(分, 粉, 芬, 紛) 과부가 될 흉한 암시가 있다.
	부(富) 배신을 당하거나 관재구설이 따른다.
	봉(鳳) 가정불화, 독수공방을 할 수 있다.

ㅅ	산(山) 성격이 고지식하며 슬픔이 끊일 사이가 없다. 선(仙) 가정불화, 재물복이 없다. 석(石) 천격으로 중도 좌절의 암시가 있다. 사(四) 단명, 조난의 암시가 있다. 사(絲) 자존심이 강하고 인정이 없으며 재물복이 박하다. 상(上) 진실한 성격이나 윗사람을 극한다. 상(霜) 매사에 속성속패하고 구설이 따른다. 설(雪) 속성속패의 암시가 있다. 성(星) 고독하고 배우자복이 박하고 단명한다. 소(笑) 불의의 재난을 뜻한다. 송(松) 금전 손실이 많아 실패가 잦다. 수(壽) 재물복이 없고 부부는 생리사별한다. 숙(淑) 독선적이며 질병으로 고생한다. 순(順) 눈물이 많고 부부복이 박하다. 승(勝) 조그마한 어려움에도 좌절을 한다. 신(新) 허영심이 많고 가정불화가 끊이지 않는다. 실(實) 배우자를 극하는 암시가 있다. 사(四) 단명하고 조난을 당한다. 사(絲) 관재구설이 따르고 재물운이 박하다. 심(心) 자존심이 강하고 인정이 없으며 재물복이 박하다.
ㅇ	옥(玉) 총명, 성공하는 암시도 있으나 단명할 수 있다. 애(愛) 일생이 불행하고 부부간 이별수가 있다. 예(禮) 배우자운이 나쁘고 질병으로 고생한다. 완(完) 맏이가 쓰는 것은 무방하나 차자가 쓰면 형을 극한다. 용(龍) 허상을 좇고 허망한 일이 많이 발생한다. 운(雲) 형제간 우애가 없고 재물이 흩어진다. 원(元) 맏이가 쓰면 무방하나 차자가 쓰면 불길하다. 은(銀) 마음은 착하나 인덕이 없고 기복이 심하다. 월(月) 고독함을 내포한다.

ㅇ	이(伊) 고독하고 천한 의미를 지닌다. 인(寅) 성격이 불손하다. 인(仁) 융통성이 없고 금전 거래 시 손실이 많다. 일(日) 매사에 장애가 따르고 불치병으로 고생한다. 일(一) 관재구설, 이성 문제, 형액이 따르고 배우자덕이 없다.
ㅈ	자(子) 午, 未년생은 흉하다. 지(地) 기초가 약하여 매사에 재액이 따른다. 장(長) 동생이 쓰면 형이 망하고 자신도 좋지 않다. 정(貞) 성공이 지속적이지 못하고 고난이 따른다. 정(晶) 관재구설이 따르고 배우자복이 박하다. 죽(竹) 실패와 좌절을 당하고 일생이 고독하다. 지(地) 기초가 약해 객사의 재액이 따른다. 지(枝) 가정이 불화하고 고독하다. 진(眞) 모든 일이 허로 돌아가는 암시가 있다. 점(點) 부모덕이 없고 부부간 불화가 따른다. 중(重) 배우자와 이별을 하고 사고와 질병이 따른다.
ㅊ	천(天) 남녀 공히 배우자복이 박하며 고독하다. 천(千) 인덕이 없고 보증 등으로 인한 재물 손실이 발생한다. 천(川) 변덕이 심하고 관재구설이 따르며 재복이 없다. 철(鐵) 고독하고 가난하며 남에게 업신여김을 받는 흉을 암시한다. 춘(春) 일시적인 대성은 있으나 허영으로 실패한다. 초(初) 불행을 자초한다. 추(秋) 인덕이 없으니 일생 동안 흥망이 교차한다. 충(忠) 생사 극난을 넘겨야 하고 조난, 단명을 초래한다. 초(草) 허영심이 많으며 인덕이 없어 배신을 당한다. 출(出) 고집이 세고 허영심이 많고 남녀 공히 배우자복이 박하다. 취(翠) 융통성이 없고 배신을 잘 당하며 부부간 생리사별한다. 칠(七) 성격이 급하고 책임감이 부족하다.

ㅌ	태(泰) 장자는 무방하나 차자는 삶에 역경이 많고 잔병치레를 겪는다.
ㅍ	풍(風) 재산을 날려 버리는 흉한 암시가 있다. 풍(豊) 재산 손실이 발생할 암시가 있다.
ㅎ	하(夏) 파란이 많아 노력에 비해 이루어지는 것이 적다. 학(鶴) 유산을 탕진하고 질병으로 고생한다. 해(海) 인생 항로에 파란곡절이 많다. 호(虎) 단명하고 가난하다. 홍(紅) 단명의 암시가 있다. 효(孝) 조실부모하기 쉽다. 화(花) 부부운이 좋지 않다. 희(喜) 비애, 고독, 파재의 암시가 있다. 희(姬) 남자 뒷바라지를 하느라 고생만 하고 손해를 많이 본다. 행(幸) 질투심이 많고 융통성이 없으며 관재구설을 당한다. 향(香) 재물복이 박하고 배우자와 생리사별한다. 현(玄) 인정이 없으며 변덕이 심하고 화류계에 종사하기 쉽다. 호(好) 실패가 많이 따른다. 휘(輝) 성품이 강하여 모든 일에 실수가 잦다. 동생이 쓰면 안 좋다.

⑬ 작명 시 고려 사항

1. 인생의 모든 시기에 어울려야 한다.

이름이라는 것은 인생의 모든 시기에 사용하는 것이다. 태어나서 죽을 때까지 끊임없이 사용하는 것이 이름이다. 어린 시절에 귀엽고 예쁘다 하여 어린 시절에만 사용하면 좋을 이름으로 작명하면 안 된다. 이름은 그 사람을 대변하는 것이다. 이름을 들으면 그 사람을 바로 연상하고 이미지화하게 되는데 직장 생활을 할 때나 나이 들어서 아기 같은 이름은 지양해야 한다.

2. 인명용 한자 동자이음어

인명용 한자에 동자이음어가 있다. 이름에 이러한 한자를 넣으면 이름을 말할 때 혼돈이 있어 사회생활을 할 때 곤란한 일이 발생할 수 있다. 가급적이면 동자이음어는 사용하는 것을 지양해야 한다.

更	다시 갱/고칠 경	奈	어찌 나/내	俚	속될 리/이	率	거느릴 솔/장수 수
梁	들보 량/양	亮	밝을 량/양	度	법 도/헤아릴 탁	兩	두 량/양
樂	즐길 락/좋아할 요	量	헤아릴 량/양	車	수레 거/차	柰	능금나무 내/나
金	성 김/쇠 금	紐	끈 뉴/유	良	양식 량/양	涼	재주 량/양
諒	믿을 량/양	樑	들보 량/양	良	좋을 량/양	涼	서늘할 량/양
呂	성 려/여	易	바꿀 역/쉬울 이	力	힘 력/역	麗	고을 려/여
禮	예도 례/예	僚	동료 료/요	拾	열 십/주울 습	戀	사모할 련/연
侖	둥글 륜/윤	律	법 률/율	流	흐를 류/유	劉	성 류/유

曆	책력 력/역	慮	생각할 려/여	裏	속 리/이	隣	이웃 린/인
憐	불쌍히 여길 련/연	蓮	연밥 련/연	侶	짝 려/여	連	연할 련/연
類	무리 류/유	倫	인륜 륜/윤	料	생각할 료/요	龍	용 룡/용
歷	지낼 력/역	什	열 사람 십/집	崙	산 이름 륜/윤	栗	밤 률/율
了	마칠 료/요	鍊	불릴 련/연	旅	나그네 려/여	勵	힘쓸 려/여
綸	낚싯줄 륜/윤	留	머무를 류/유	聯	이을 련/연	例	견줄 례/예
琉	유리 류/유	輪	바퀴 륜/윤				

3. 첫째와 둘째 자녀의 구분

한자의 뜻이 아무리 좋아도 첫째와 둘째에 따라 가려서 사용하는 것이 좋다. 만일 동생이 大(큰 대)를 사용하게 되면 그 의미는 좋을지 몰라도 동생이 첫째를 누를 수 있고 둘째임에도 장남 역할을 해야 하는 일이 발생할 수 있다. 따라서 **자녀의 이름을 지을 때 서열에 따른 적합한 글자를 사용**하는 것이 좋다.

첫째	» 少(적을 소, 작을 소), 弟(아우 제), 下(아래 하), 後(뒤 후), 低(낮을 저)
둘째	» 大(큰 대), 元(으뜸 원), 初(처음 초), 太(클 태), 上(위 상), 高(높을 고), 先(먼저 선)

4. 이름자가 분파되지 않아야 한다.

분파는 분리되어 파괴된다는 의미가 있으니 글자가 하나의 의미로 통합되고 단단히 결속되어야 좋은 이름이 될 수 있다. 반드시 지켜야 할 법칙은 아니지만 가급적 성씨를 포함하여 **이름자가 모두 분파되는 것은 지양**해야 한다.

예) 林 = 木/木   相 = 木/目   珉 = 王/民 (성명 모두 분파)

5. 발음이 이상하여 놀림감이 되면 안 된다.

 옛 어른들은 한자의 뜻을 중요시하고 항렬을 고려하여 이름을 지었다. 그래서 한글 발음으로는 이상한 이름이 되어 놀림감이 되는 경우가 있었다.
 이름 때문에 놀림의 대상이 되면 자신감이 떨어지고 자존감까지 떨어지는 일이 발생할 수 있으니 자원오행만 생각할 것이 아니라 발음오행도 중시해서 작명해야 한다.

6. 뜻이 나쁘고 흉한 한자는 피하는 것이 좋다.

 예) 傷(상할 상), 露(이슬 로), 死(죽을 사), 病(병 병), 哀(슬플 애)

7. 사람의 신체에 해당하는 한자는 피한다.

 예) 手(손 수), 指(손가락 지)

8. 곤충이나 짐승 이름이 들어가는 것은 피한다.

 예) 馬(말 마), 牛(소 우), 鳥(새 조)

9. 정신세계의 높은 경지를 의미하는 한자는 피한다.

 예) 佛(부처 불), 神(귀신 신)

10. 數가 들어가는 글자는 가급적 피한다.

 예) 十(열 십), 百(일백 백), 億(억 억), 兆(조 조)

11. 10간 12지지에 해당하는 글자는 피한다.

10간: 甲 乙 丙 丁 戊 己 庚 辛 壬 癸   **12지지:** 子 丑 寅 卯 辰 巳 午 未 申 酉 戌 亥

이러한 글자는 귀신이 붙어 다니는 글자라 하여 함부로 사용하지 않는다. 그러나 예외적인 경우도 있는데 사주에 甲木이 필요하면 甲 자를 과감히 사용하면 오히려 더 좋아진다.

12. 일주에 따라 피해야 하는 한자

월지와 일지에 충극(沖剋)을 일으키는 한자는 되도록 피하는 것이 좋다.
월지는 태어난 기운이 있는 곳으로 가장 강력한 기운이며 부모님을 나타내는 자리이고 직업과 가치관을 나타내는 자리이다.
일지는 자기 자신을 나타내며 배우자를 암시하는 자리이기 때문에 가장 중요한 자리라고 할 수 있다. 이런 중요한 자리는 충(沖)하는 글자로 이름을 지으면 불리하다.

월지, 일지가 子일생-오: 午(자오충)
월지, 일지가 丑일생-미: 未(축미충)
월지, 일지가 寅일생-신: 申(인신충)
월지, 일지가 卯일생-유: 酉(묘유충)
월지, 일지가 辰일생-술: 戌(진술충)
월지, 일지가 巳일생-해: 亥(사해충)
월지, 일지가 午일생-자: 子(자오충)
월지, 일지가 未일생-축: 丑(축미충)
월지, 일지가 申일생-인: 寅(인신충)
월지, 일지가 酉일생-묘: 卯(묘유충)
월지, 일지가 戌일생-진: 辰(진술충)
월지, 일지가 亥일생-사: 巳(사해충)

14 이름의 항렬자

1. 항렬자에 대해서

항렬이란 같은 대에 태어난 사람들이 똑같은 한자를 쓰는 것을 말한다. 그 집안의 몇 대 자손인가를 알려 주는 것으로 먼 친척과 같은 조상의 뿌리임을 알고 서로 핏줄임을 이름을 통하여 표시한 것이다.

신생아의 경우 할아버지나 할머니가 작명을 부탁하는 경우가 많은데 옛날 사고방식에서 벗어나지 못하고 항렬자를 고집하는 분이 계시다.

그러나 실제 성명학적으로 작명을 하다 보면 이러한 항렬을 적용해서 이름을 작명했을 때 많은 어려움이 있다. **작명에서 가장 중요한 사주를 고려하여 작명을 해야 하는데 항렬을 고집하는 경우 그 사주에 반드시 필요한 자원오행을 넣지 못하는 일이 발생**해 버린다.

항렬자를 썼을 경우 발생하는 문제에 대해서 설명을 하면 받아들이는 경우가 대부분이지만 굳이 항렬자를 고집하면 호적에는 항렬자를 올리고 실제 사용하는 이름은 작명법에 의해 본인에게 필요한 이름으로 불러 주라고 한다.

이러한 항렬의 원리가 과연 어디에서 나왔는지 살펴보면 오행과 10천간 혹은 12지지, 숫자 등등 가문이나 성씨에 따라서 기준을 두고 정한다. 항렬은 木, 火, 土, 金, 水의 다섯 가지 오행을 순서에 따라 사용하는 경우가 가장 많은데 자신의 할아버지 대가 木 오행을 부수로 하는 글자를 사용했다면 아버지 대의 항렬자는 木 오행과 상생이 되는 火 오행을 부수로 하는 한자를 넣어서 사용하게 된다. 이처럼 오행의 상생 순서대로 항렬자의 부수를 정하여 사용을 한다.

예로 항렬자를 10천간으로 정했다면 甲, 乙, 丙, 丁, 戊, 己, 庚, 辛, 壬, 癸의 글자 순서대로 사용하고 12지지로 정했다면 子, 丑, 寅, 卯, 辰, 巳, 午, 未, 申, 酉, 戌, 亥의 순서에 따라 이름에 쓴다.

2. 항렬자의 문제점

작명은 타고난 선천 운명인 사주를 보완하는 보완 학문이다. 그런데 **항렬자를 사용해야 한다는 것은 후천적 보완 학문의 의미를 상실**할 수 있다. 작명 대상자의 사주에 金水가 필요하다면 木火의 속성을 지닌 한자는 피하는 것이 좋다.

그런데 돌림자를 사용할 경우 작명의 **핵심 포인트인 오행 보충의 근본을 포기하게 된다.** 돌림자가 행운을 주는 것이 아니라 흉운만 안겨 주는 결과를 초래할 수 있는 것이다.

작명법에 항렬자를 사용하여 좋은 이름이 탄생되었다면 더할 나위 없이 좋겠지만 그렇게 하기는 너무나 어려운 일이다.

요즘은 젊은 부모들이 공부를 많이 하고 깨어 있는 경우가 많아서 부모님의 말을 무조건 받아들이지 않는다. 그래서인지 **항렬자를 사용하는 문화는 점차 사라지고 있는 추세**이다.

관계의 정의

우연히 발견한 빛바랜 사진 한 장. 한복을 입은 학생들과 찍은 30여 년 전 사진. 내가 선생의 자격으로 처음 참석한 사은회 사진이다. 남자 친구도 없던 20대. 나는 머릿속에 학생들 생각밖에 없었다. 그들의 연애사를 듣고, 고민들을 함께하며 허구한 날 코가 삐뚤어져라 술을 마셨다. 그야말로 학생들과 연애에 빠져 지내던 시절이었다.

지금 생각해 보면, 그때의 학생들과 나는 불과 대여섯 살밖에 나이 차이가 나지 않았다. 하지만 학생들은 술값이 부족하면 나에게 전화했고, 쌈박질이 나서 경찰서에 잡혀가도 부모가 아닌 내게 전화했다. 나는 그들의 보호자 노릇을 하는 것이 가슴 가득 행복했고 기꺼웠다. 그건 그냥 내 삶이었다.

그렇게 정들었던 학생들과 공식적으로 이별하는 자리에서 찍은 사진이었다. 아이들을 부둥켜안고 슬피 울었다. 마치 첫사랑과 이별하는 것 같았다. 떠나는 학생들보다 떠나보내는 내가 더 울었던 그 사진. 사진을 보니 그때의 감정이 올라온다. 25년을 학교에 재직했다. 오랜 시간 어찌 좋은 날만 있었을까.
공연한 오해도 있었고, 애정만큼 아픔을 느끼게 하는 사건도 많았다.

시간이 흘러 언제부터인지 학생들이 나를 배신한 게 아닌데도, 정을 준 만큼 더 큰 배신감이 들었다. 왜 그랬을까? 돌이켜 생각해 보니 내가 준 마음에는 기대가 있었다.

'내가 너를 이만큼 아끼고 사랑해 주면, 너도 나한테 이만큼 마음을 줘야 해.'라는 준비된 기대 말이다. 무의식의 흐름이었는데도 철저히 계산된 관계처럼.......
그래서 관계란, 애정의 한가운데 있더라도 방향을 잃지 않았는지 늘 점검해야 하는 것이다.

학생들이 많이 따르고 존경하는 어떤 선생님이 있었다. 학생들에게 섭섭함을 느낄 만한 여러 사건에도 담담한 선생님을 보면서 물은 적이 있다.
"선생님은 학생들에 대한 섭섭함을 어떻게 견디세요?"
"저는 학생들에게 특별한 기대가 없어요. 그러니까 섭섭함이 없어요."
순간 뒤통수를 맞은 것 같았다. 학생들을 대할 때 나나 그분이나 진심으로 대한 건 매한가지다. 하지만 한 사람은 기대가 있었고 한 사람은 기대 없이 잘해 준 것이다. 이분 또한 처음엔 많이 섭섭했으나 훈련에 의해 기대를 내려놓게 되었다고 말씀하셨다.

바닷가의 자갈이 동그란 건 그만큼 파도에 많이 깎였기 때문이다.
둥근 조약돌처럼 일희일비하지 않는 날이 오기까지 누구나 인고의 세월이 있기 마련이다. 선생으로서 학생들을 사랑하는 것으로 만족했어야 했다.
가뜩이나 취업과 진로 선택이라는 중압감에 시달리는 청춘들에게 나의 바람까지 얹은 선생이었다는 것을 깨닫기까지 오랜 시간이 필요했다. 부끄러웠다.

어떤 사람은 일을 중요하게 생각하고, 어떤 사람은 일보다 관계를 중요하게 생각한다. 관계를 중요하게 생각하는 사람들은 머릿속이 복잡하다. 관계의 손익 분기점이 늘 존재하기 때문이다. 내어 준 사랑에 대해 대가를 바라는 마음이 없어야, 좋은 인간관계가 이루어짐을 안다.

대가를 바라지 않는 마음, 참 어려운 일이다. 수많은 관계 속에 평생을 갈고닦아야 하는 최대의 과제이기도 하다. 주어진 과제를 실천하기 위해 사람 때문에 아파도 나는 사람 속으로 걸어간다.

- 소중한 관계들을 생각해 보며 -

01 성명 수리의 진실

성명학에서의 **수리오행론은 성명학의 주류가 되는 4대 이론의 한 분야**를 차지하고 있다. 즉, 성명의 수리가 길하면 삶은 길하게 이어질 것이며, 수리가 흉하면 삶이 흉하게 이어질 것이라는 논리이다. **수리오행을 적용하여 길흉을 판단한 사례들이 상당한 적중률**을 보이고 있으므로 타당성이 있다.

수리란 이름 자체에 내포되어 있는 길흉화복과 희로애락을 해석하는 도구이다. 성명학이 채용하고 있는 81수리는 사람의 이름을 보고 한자의 획수에 의한 길흉을 설명하면서 그 사람의 운명을 분석한다.

사주에서 근묘화실론으로 시기별 운세를 판단하듯 수리4격 원형이정은 성명 3글자 (혹은 4~5글자)의 조합으로 시기별 운세를 판단하는 것을 말한다.

02 성명 수리의 길흉

성명학에서 활용하는 이름의 수리는 성명 세 글자에서 두 자씩 획수를 조합하여 세 가지 운(원격, 형격, 이격)을 만들고, 세 글자의 획수를 모두 합하여 총운(정격)을 만든다. 이렇게 만든 운을 원격, 형격, 이격, 정격이라 한다.

원격, 형격, 이격, 정격, 4격은 독립해서 해당하는 시기에만 영향력을 가지는 것이 아니라 상호 간에 연관성을 갖고 **서로 영향력**을 미치며, 이름의 능력을 발휘하는 운세를 담을 수 있는 그릇이라 할 수 있다.

이 원리는 **2개 이상의 흉수가 겹칠 경우에는 더욱 흉한 작용이 가중**되므로 전부 좋은 격으로 구성해야 하는 것이 작명 시 고려해야 하는 중요 사항이며 작명사의 의무이기도 하다.

03 수리四格과 81수리격

발음오행은 오행을 한글의 자음으로 구분한 것이며 **음양오행**은 홀수는 양이며 짝수는 음이라 하여 작명 시 **음양의 배열을 맞추는 것**을 말한다. **자원오행**은 한자의 근본이 어디서 왔는지를 구분하여 작명 시 필요한 오행을 적용하는 것을 말한다. **수리오행**은 한자의 획수에 따라 길흉이 존재한다고 보고 길흉 판단을 하는 것을 의미한다. 그리고 수리오행에서 원형이정 4가지로 구분하여 시기별로 길흉을 판단하는 것을 수리4격론이라 한다.

결론적으로 정통 작명법은 **음양오행, 발음오행, 자원오행, 수리4격**을 모두 좋게 배열하는 것이 중요 사항이라 할 수 있다. **자원오행**은 작명 시 사주에서 부족한 오행을 보완하고 **흉한 기운을 길하게 하고 막힌 운을 풀어 주는 역할을 하는 것**이기 때문에 매우 중요하다. 그래서 다시 한번 강조하지만 명리를 배우지 않은 사람이 작명할 때 4가지 요소를 모두 충족시켜 작명하는 것은 어렵다.

수리4격론에서 **원형이정 4격을 배치한 후 수리의 길흉 여부와 의미를 파악**해야 한다. 4격 모두 길격으로 배치되어야 좋은 이름으로 보는데 이때 수리의 길흉을 판단하는 기준이 81수리격이다. 송나라의 채구봉이 쓴 『팔십일수원도(八十一數元圖)』가 수리에 따라 길흉을 판단하는 81수리의 시작이 된다. 하도 낙서에서 기원한 81수리는 기본수 9수의 자승수, 즉 9×9=81로 구분되어 있으며 우주 만유의 논리가 81수의 논리에 포함되어 있다고 본다.

그래서 인간에게도 81수리의 길흉이 영향을 미칠 것이라고 생각했고 현대 성명학에서 81수리의 이론을 계승, 발전하여 지금까지 수리성명학으로 이어지고 있다.

81수리에서 1~10까지를 기본 수리로 보며 각 기본 수리에는 의미가 담겨 있다.

숫자	1, 3, 5, 7, 9 (홀수): 양 2, 4, 6, 8, 10 (짝수): 음
1 (양)	» 숫자 1은 만물의 기본이요, 일체의 시초이고 영구불변, 절대 부동의 근본 수리이다. » 따라서 1수는 시초, 머리, 으뜸, 조화, 생명, 남성적인 특성을 의미하기도 한다.
2 (음)	» 숫자 2는 1과 1의 합수이며 양과 양의 집합으로 완전한 화합력이 약하여, 분리하기 쉽다는 의미가 내재된다. » 땅을 뜻하며 분리, 변동의 의미가 있다. 유약, 수동성, 의존, 여성적인 특성을 의미한다.
3 (양)	» 숫자 3은 1양 2음이 합쳐진 확정수이며, 일체 겸비의 의미로 자연적으로 권위, 신생, 부귀 등의 영동력을 발휘하게 된다. » 음양이 조화를 이루어 안정, 완성, 풍요의 특성을 지닌다.
4 (음)	» 숫자 4는 분리수인 2와 2의 음합수로 화합에 반하는 것이다. » 분리, 파괴, 불화, 분산 등의 특성을 의미한다.
5 (양)	» 숫자 5는 3양 2음의 동화로 합성된 수이며 중심에 위치하여 상하좌우를 통솔하기 때문에 만물을 생성시키는 모습을 갖춘다. » 정립, 안정, 성취 등의 의미가 있고 생명 운동의 주체이다.

6 **(음)**	» 숫자 6은 음수이고 소극적이며 정적이다. » 숫자 6은 불안과 대칭, 겨루기 등의 기운을 내포하고 있다.
7 **(양)**	» 숫자 7은 강한 독립성을 의미한다. » 강인한 정신력을 상징하고 번성과 출세를 암시한다.
8 **(음)**	» 숫자 8은 음기가 극에 달해 양기로 변하면서 태동과 움직임을 보인다. 발달과 자수성가의 의미를 암시한다.
9 **(양)**	» 숫자 9는 끝의 의미가 있으므로 완성과 도달, 성취와 은퇴, 안락, 휴식 등을 뜻한다. » 9는 양수의 마지막, 또는 기본수의 궁극적 수이다. 지혜와 활동력은 있으나 마지막이고 극한의 의미로 귀결된다.
10 **(양)**	» 숫자 10은 기본수의 마지막으로 극(極)의 수이다. » 우주의 만물이 가득 차고 다시 무의 상태로 되돌아간다는 이치를 담고 있다. 허무함과 공허함을 암시한다. » 10은 종결을 고하는 수로 음의 최극이고 0의 위치에 있는 수이며 그 의미가 공허, 무한의 상이라 모든 수에서 가장 꺼리는 흉조의 암시가 발생한다.

05 한자의 획수 계산법(원획법과 필획법)

일반적인 한자 사전이나 컴퓨터 등에 나오는 한자는 모두 필획법으로 되어 있다.

하지만 **성명학에서는 원획법**을 사용한다. 그래서 작명 후 획수가 다르다며 문의가 오는 경우가 종종 있었다.

한자의 획수 계산법은 **원획법, 필획법, 곡획법**으로 분류된다.

성명학은 예나 지금이나 수리를 계산할 때 **한자의 원래 부수인 원획법을 사용하여 성명학을 발전**시켜 왔다. 일반인은 잘 모를 수도 있는 사항이라 원획법과 필획법, 곡획법을 구분하여 설명하였다.

원획법	» 『강희자전(康熙字典)』의 원칙에 따라 **원래 부수를 사용**하는 방식이다. » 글자를 실제 사용하는 글자로 보는 것이 아니라 원형대로 획수를 사용하는 방식이다. » 예를 들어 삼수변은 3획이지만 삼수변의 원형을 살피면 수(水) 4획이므로 4획을 적용하는 것이다. 작명을 할 때는 **원획법을 사용**한다. 예) 洋: 10획(水의 원자 부수 4획으로 계산) 玭: 9획(玉의 원자 부수 5획으로 계산) 抒: 8획(手의 원자 부수 4획으로 계산)

필획법	» 실제 글을 쓰는 획수에 따른 부수, 즉 글을 쓸 때 붓의 움직임을 근거로 해서 계산하는 방식을 말한다. » 일반적으로 알고 있고 컴퓨터 한자 사전에 나오는 획수이다. » **인명에 쓰이는 한자와 일반적 한자의 획수에는 차이가 있다.** » 컴퓨터 한자 사전이나 옥편은 필획법을 적용하기 때문에 이 부분에 이의를 제기하는 경우가 종종 있으니 사전에 이 부분을 상기시켜 주어야 한다. 예) 珏: 8획(실제로 쓰는 획수대로 계산) 抒: 7획(실제로 쓰는 획수대로 계산)
곡획법	» 붓의 구부러짐을 기준으로 하는 방법으로 붓이 구부러질 때마다 한 획이 추가되는 방식이다. 예) 乙: 4획(원획법이나 필획법에서는 1획으로 계산) 붓이 네 번 구부러지므로 곡획법에서는 4획으로 본다. 口: 4획(원획법이나 필획법에서는 3획으로 계산)

—— MEMO ——

한자 부수별 원획법과 필획법 구분

작명을 할 때 원획법을 사용한다는 것을 대부분의 일반인은 잘 모른다.

그렇기 때문에 작명은 **인명사전의 원획법을 따른다**는 것에 대해 사전에 공지해 줄 필요가 있다. 작명을 하고 획수를 문의하는 사람들이 있다. 그러니 미리 공지해 주는 것이 좋다.

부수	필획	원부수	원획	한자(예)	필획	원획
忄 (심방변)	3획	心(마음 심)	4획	쾌(快)	7획	8획
氵 (삼수변)	3획	水(물 수)	4획	수(洙)	9획	10획
扌 (손수변)	3획	手(손 수)	4획	타(打)	5획	6획
犭 (개사슴변)	3획	犬(개 견)	4획	견(狷)	11획	12획
王(구슬옥변)	4획	玉(구슬 옥)	5획	주(珠)	10획	11획
礻 (보일시변)	4획	示(보일 시)	5획	시(視)	11획	12획
耂(늙을로)	4획	老(늙을 로)	6획	자(者)	9획	10획
衤 (옷의변)	5획	衣(옷 의)	6획	유(裕)	12획	13획
⺿(초두변)	4획	艸(풀 초)	6획	영(英)	9획	11획
罒(그물망)	5획	网(그물 망)	6획	라(羅)	19획	20획
辶(책받침)	4획	辵(책받침)	7획	연(連)	11획	14획
阝 (우부방)	3획	邑(고을 읍)	7획	랑(郎)	10획	14획
阝 (좌부방)	3획	阜(언덕 부)	8획	진(陳)	11획	16획

수리4격 원형이정(元亨利貞)에 관한 이해

원형이정(元亨利貞)에 관한 이해
3글자 성명 예) 홍① 길② 동③

원격 (元格) 봄 초년운 (1세~20세 전후)	» 이름 획수의 합이 된다. (② + ③) 유년과 초년운(1~20세 전후)을 지배한다. » 자신의 신상과 가정 환경에 미치는 영향력이 강하다. 봄에 속하며 만물의 시초로 인(仁)을 가리킨다. » 사람과 상관관계를 맺고 사는 어진 도리를 의미한다. » 평생운의 기초가 된다.
형격 (亨格) 여름 청년운 (21~40세 전후)	» 성 획수와 이름 첫 자의 획수를 합한 것이다. (① + ②) 청년운(21~40세 전후)을 지배하고 인격과 재물, 사업, 가정 등에 영향력을 미친다. » 중심운에 해당하므로 주운이라고도 한다. 네 격 중에 가장 강하게 작용을 하고 일생 동안 광범위하게 영향을 준다. » 여름에 속하며 만물이 자라나고 사람들과 상하좌우로 형통하고 협력하여 화목한 조화를 이루는 품성을 기르는 것을 의미한다. » 일생의 중심 동력이 되며 수리격에서 가장 중요한 부분이다.
이격 (利格) 가을 중년운 (41~60세 전후)	» 성 획수와 이름 끝 자의 획수를 합한 것이다. (① + ③) 중년(41~55세 전후)의 운을 지배한다. 형격을 돕기 때문에 부운이라고도 한다. » 주위 환경은 물론 대외적인 관계까지 작용력이 미친다. 가을에 속하며 만물이 이루어져 서로 협력과 조화 속에서 결실을 이루는 것을 의미한다. » 자신의 건강과 가정의 안위를 의미한다.

정격 (貞格) 겨울 인생의 후반부 (61세 이후)	» 이름자 획수 전체를 합한 것으로 중년 이후 말년까지의 운을 지배한다. （① + ② + ③） » 인생의 후반부(61세 이후)를 지배하므로 후반운에 해당한다. » 인생 전반을 아우르는 전체운으로 보기도 한다. » 겨울에 속하며 만물을 거두고 올바른 결실 속에서 아름답게 성숙되어야 함을 의미한다. » 이 사격(四格)이 일정한 시기에만 영향을 미치는 것이 아니라 인생 전반 에 걸쳐 포괄적으로 영향력을 행사하는 것으로 보는 것이 합당하다. » 사격 모두 길격(吉格)이 되도록 최선을 다하여 배치하여야 한다.

 ## 성명 숫자별 수리4격의 구성 방법

상명자: 이름의 첫 글자, 하명자: 이름의 두 번째 글자

예) 홍(성) 길(상명자) 동(하명자)

구분	元格(合)	亨格(合)	利格(合)	貞格(合)
성 1 이름 2	이름 2자 합	성 + 상명자	성 + 하명자	3자 모두 합
성 1 이름 1	이름 1자	성 + 이름 1자	성 1자	2자 모두 합
성 2 이름 1	이름 1자	성 + 이름 1자	성 2자	3자 모두 합
성 2 이름 2	이름 2자 합	성 + 상명자	성 + 하명자	4자 모두 합

성과 이름의 수리오행 배치 방법

1자 성에 2자 이름 (강 도우)				
姜(9획) 到(8획) 佑(7획)				
원격	到(8획) + 佑(7획)	**15획**	통솔격(행복운)	吉
형격	姜(9획) + 到(8획)	**17획**	용진격(건창운)	吉
이격	姜(9획) + 佑(7획)	**16획**	덕망격(유재운)	吉
정격	姜(9획) + 到(8획) + 佑(7획)	**24획**	출세격(축재운)	吉

1자 성에 외자 이름 (김 민)				
金(8획) 民(5획)				
원격	民(5획)	**5획**	성공격(명재운)	吉
형격	金(8획) + 民(5획)	**13획**	총명격(지달운)	吉
이격	金(8획)	**8획**	발달격(전진운)	吉
정격	金(8획) + 民(5획)	**13획**	총명격(지달운)	吉

2자 성에 외자 이름 (황보 문)

皇(9획) 甫(7획) 炆(8획)

원격	炆(8획)	8획	발달격(전진운)	吉
형격	皇(9획) + 甫(7획) + 炆(8획)	24획	출세격(축재운)	吉
이격	皇(9획) + 甫(7획)	16획	덕망격(유재운)	吉
정격	皇(9획) + 甫(7획) + 炆(8획)	24획	출세격(축재운)	吉

2자 성에 2자 이름 (남궁 옥분)

南(9획) 宮(10획) 玉(5획) 分(4획)

원격	玉(5획) + 分(4획)	9획	종국격(불행운)	凶
형격	南(9획) + 宮(10획) + 玉(5획)	24획	출세격(축재운)	吉
이격	南(9획) + 宮(10획) + 分(4획)	23획	혁신격(왕성운)	吉
정격	南(9획) + 宮(10획) + 玉(5획) + 分(4획)	28획	풍파격(파란운)	凶

성씨(姓氏) 획수별 좋은 수리 배열(2획~31획)

2획 성

내(乃) 복(卜) 정(丁) 우(又) 입(入) 예(乂)

姓字	상명자	하명자	상명자	하명자
2	1	4, 5, 14, 15, 22	14	1, 9, 15, 19, 21
	3	3, 13	15	1, 6, 14, 16
	4	1, 9, 11, 19	16	5, 13, 15, 19, 21, 23
	5	1, 6, 11, 16	19	4, 14, 16
	6	5, 9, 15, 23	21	14, 16
	9	4, 6, 14, 22	22	1, 9, 11, 13
	11	4, 5, 22	23	6, 16
	13	3, 16, 22		

3획 성

간(干) 궁(弓) 대(大) 범(凡) 산(山) 야(也) 우(于) 천(千)

姓字	상명자	하명자	상명자	하명자
3	2	3, 13	13	2, 5, 8, 22
	3	2, 10, 12, 18, 26	14	4, 15, 18, 21
	4	4, 14	15	14, 20
	5	8, 10, 13	18	3, 14, 20
	8	5, 10, 13, 21	20	12, 15, 18
	10	3, 5, 8, 22	21	8, 14
	12	3, 20	22	10, 13

개(介) 공(孔) 공(公) 구(仇) 금(今) 문(文) 모(毛) 목(木) 문(文) 방(方) 변(卞) 부(夫)
왕(王) 원(元) 우(牛) 윤(尹) 윤(允) 오(午) 인(仁) 재(才) 천(天) 태(太) 파(巴) 편(片)

姓字	상명자	하명자	상명자	하명자
4	1	2, 20	13	4, 12, 20
	2	9, 11, 19	14	3, 7, 11, 17, 19, 27
	3	4, 14	17	4, 12, 14, 20
	4	3, 7, 9, 13, 17, 21	19	2, 12, 14, 20
	7	4, 14	20	9, 11, 13, 17, 19
	9	2, 4, 12, 20	21	4, 12
	11	2, 14, 20	25	12
	12	1, 9, 13, 17, 21, 25	27	14

감(甘) 공(功) 구(丘) 백(白) 빙(氷) 사(史) 석(石) 신(申) 소(召) 옥(玉) 전(田) 점(占)
좌(左) 태(台) 평(平) 포(包) 피(皮) 홍(弘) 현(玄) 을지(乙支)

姓字	상명자	하명자	상명자	하명자
5	1	10, 12	12	6, 12, 20
	2	6, 11, 16	13	19, 20
	3	8, 10	16	2, 8, 16
	6	2, 10, 12, 18	18	6
	8	3, 8, 10, 16, 24	20	12, 13
	10	1, 3, 6, 8	24	8
	11	2		

광(光) 곡(曲) 규(圭) 길(吉) 노(老) 모(牟) 미(米) 백(百) 박(朴) 선(先) 서(西) 안(安)
이(伊) 인(印) 임(任) 재(在) 전(全) 주(朱)

姓字	상명자	하명자	상명자	하명자
6	1	10, 17	15	2, 10, 17, 18
	2	2, 9, 15, 23	17	1, 12, 15, 18
	5	2, 10, 12, 18, 26, 27	18	5, 7, 11, 15, 17
	7	10, 11, 18, 25	19	10, 12
	9	2, 9, 23, 26	23	2, 9, 10, 12
	10	1, 5, 7, 15, 19, 23	25	7
	11	7, 12, 18	26	5, 9
	12	5, 11, 17, 19, 23	27	5

강(江) 군(君) 두(杜) 보(甫) 성(成) 송(宋) 신(辛) 여(呂) 이(李) 오(吳) 양(良) 여(余)
여(汝) 연(延) 위(位) 지(池) 정(廷) 좌(佐) 초(初) 차(車) 판(判) 하(何) 효(孝)

姓字	상명자	하명자	상명자	하명자
7	1	10, 16, 24	14	4, 10, 11, 17, 18
	4	4, 14	16	1, 8, 9, 16, 22
	6	10, 11, 18	17	8, 14, 24
	8	8, 9, 10, 16, 17, 24	18	6, 14
	9	8, 16, 22	22	9, 10, 16
	10	1, 6, 8, 14, 22	24	1, 8, 14, 17
	11	6, 14		

공(空) 계(季) 경(庚) 경(京) 구(具) 김(金) 기(奇) 내(奈) 맹(孟) 명(明) 문(門) 방(房)
봉(奉) 사(舍) 상(尙) 석(昔) 송(松) 승(昇) 승(承) 심(沈) 악(岳) 야(夜) 임, 림(林) 장(長)
종(宗) 주(周) 지(知) 창(昌) 채(采) 탁(卓) 화(和)

姓字	상명자	하명자	상명자	하명자
8	3	5, 10, 13, 21	13	3, 8, 10, 16
	5	3, 8, 10, 16, 24	15	8, 9, 10, 16
	7	8, 9, 10, 16, 17, 24	16	5, 7, 9, 13, 15, 17, 21
	8	5, 7, 9, 13, 15, 17, 21	17	7, 8, 16
	9	7, 8, 15, 16	21	3, 8, 10, 16
	10	3, 5, 7, 13, 15, 21, 23, 27	24	5, 7

간(竿) 강(姜) 기(紀) 기(祈) 남(南) 내(奈) 단(段) 유, 류(柳) 률(律) 사(思) 삭(削) 상(相)
선(宣) 성(星) 시(柴) 시(施) 신(信) 언(彦) 영(泳) 요(要) 요(姚) 우(禹) 위(韋) 유(柳)
유(兪) 점(点) 정(貞) 준(俊) 초(肖) 추(秋) 탄(炭) 태(泰) 편(扁) 표(表) 하(河) 후(後)
함(咸) 향(香) 협(俠)

姓字	상명자	하명자	상명자	하명자
9	2	4, 6, 14	15	8, 14, 23, 24
	4	2, 4, 12, 20	16	7, 8, 16, 22
	6	2, 9, 23	20	4, 9, 12
	7	8, 16, 22	22	2, 7, 16
	8	7, 8, 15, 16	23	6, 9, 15
	9	6, 14, 20, 23	24	15
	12	4, 12, 20	26	6
	14	2, 9, 15		

10획 성

강(剛) 고(高) 골(骨) 궁(宮) 구(俱) 계(桂) 기(起) 당(唐) 마(馬) 방(芳) 서(徐) 석(席)
소(素) 손(孫) 수(洙) 승(乘) 시(柴) 원(袁) 예(芮) 은(殷) 조(曺) 진(晋) 진(眞) 진(晉)
창(倉) 하(夏) 홍(洪) 화(花) 환(桓) 후(候)

姓字	상명자	하명자	상명자	하명자
10	1	5, 6, 7, 14, 22	13	5, 22
	3	3, 5, 8, 22	14	1, 7, 11, 15, 21
	5	1, 3, 6, 8	15	6, 8, 14, 22, 23
	6	1, 5, 7, 15, 19, 23	19	6, 19
	7	1, 6, 8, 14, 22	21	8, 14
	8	3, 5, 7, 13, 15, 21, 23	22	1, 3, 7, 13, 15
	11	14	23	6, 8, 14, 15

11획 성

강(康) 견(堅) 건(乾) 국(國) 마(麻) 매(梅) 반(班) 방(邦) 빈(彬) 상(常) 설(卨) 양, 량(梁)
어(魚) 어(御) 위(尉) 이(異) 장(張) 장(將) 장(章) 조(曹) 주(珠) 최(崔) 표(票) 필(畢)
해(海) 형(邢) 호(許) 호(胡) 호(扈)

姓字	상명자	하명자	상명자	하명자
11	2	4, 5, 22	13	5, 24
	4	2, 14, 20	14	4, 7, 10
	5	2	18	6
	6	7, 12, 18	20	4, 27
	7	6, 14	22	2
	10	14	24	13
	12	6, 12	27	20

강(强) 경(景) 구(邱) 동(童) 민(閔) 삼(森) 상(象) 선(善) 소(邵) 순(淳) 순(舜) 순(荀)
순(順) 승(勝) 안(雁) 운(雲) 유(庾) 일(壹) 정(程) 증(曾) 지(智) 팽(彭) 풍(馮) 필(弼)
하(賀) 황(黃) 대실(大室) 동방(東方) 소실(小室) 이선(以先)

姓字	상명자	하명자	상명자	하명자
12	1	4, 5, 12, 20	13	4, 12, 20
	3	3, 20	17	4, 6, 12
	4	1, 9, 13, 17, 19, 21	19	4, 6, 20
	5	1, 6, 12, 20	20	1, 3, 5, 9, 13, 19
	6	5, 11, 17, 19, 23	21	4, 12
	9	4, 12, 20, 26	23	6, 12
	11	6, 12	26	9
	12	1, 5, 9, 11, 13, 17, 21, 23		

가(賈) 경(敬) 금(琴) 노, 로(路) 돈(頓) 렴, 염(廉) 목(睦) 신(新) 아(阿) 양(楊) 옹(雍)
욱(郁) 자(慈) 장(莊) 초(楚) 춘(椿) 탕(湯) 영고(令孤) 사공(司空)

姓字	상명자	하명자	상명자	하명자
13	2	3, 16, 22	16	2, 8, 16, 19, 22
	3	2, 8, 22	18	20
	4	4, 12, 20	19	16, 20
	5	20	20	4, 5, 12, 18
	8	3, 8, 10, 16, 24	22	2, 3, 10, 16, 26
	10	8, 22	24	8, 11
	11	24	26	22
	12	4, 12, 20		

14획 성

국(菊) 기(箕) 단(端) 배(裵) 봉(鳳) 신(愼) 상(嘗) 석(碩) 신(愼) 실(實) 연(連) 영(榮)
온(溫) 조(趙) 자(慈) 제(齊) 조(趙) 채(菜) 화(華) 공손(公孫) 서문(西門)

姓字	상명자	하명자	상명자	하명자
	1	2, 10, 17, 23	11	4, 7, 10
	2	9, 15, 19, 21, 23	15	2, 3, 9, 10, 18
	3	4, 15, 18, 21	17	1, 4, 7
14	4	3, 7, 11, 17, 19	18	3, 7, 15, 19
	7	4, 10, 11, 17, 18, 24	19	2, 4, 18, 19
	9	2, 9, 15, 24	21	2, 3, 4
	10	1, 7, 11, 15, 23	23	1, 2

15획 성

가(價) 갈(葛) 경(慶) 곽(郭) 광(廣) 구(歐) 노(魯) 누(樓) 덕(德) 동(董) 만(滿) 만(萬)
묵(墨) 부(部) 섭(葉) 엽(葉) 유, 류(劉) 증(增) 표(標) 한(漢) 사마(司馬) 장곡(長谷)
중실(仲室)

姓字	상명자	하명자	상명자	하명자
	1	2, 16, 22	14	2, 3, 9, 10, 18, 23
	2	1, 6, 14, 16, 22	16	1, 2, 8, 16, 17
	3	14, 20	17	6, 16, 20
15	6	2, 10, 17, 18	18	6, 14
	8	8, 9, 10, 16	20	3, 17
	9	8, 14, 23	22	1, 2, 10
	10	6, 8, 14, 22, 23	23	9, 10, 14

곽(霍) 교(橋) 노, 로(盧) 담(潭) 도(都) 도(陶) 도(道) 반(潘) 용, 룡(龍) 육, 륙(陸) 반(潘)
연(燕) 예(豫) 용(龍) 전(錢) 제(諸) 진(陣) 황보(皇甫)

姓字	상명자	하명자	상명자	하명자
16	1	7, 15, 16, 22	15	1, 2, 8, 16, 17
	2	5, 13, 15, 19, 21, 23	16	1, 5, 7, 9, 13, 15, 19
	5	2, 8, 16	17	8, 15
	7	1, 8, 9, 16, 22	19	2, 13 16, 22
	8	5, 7 ,9, 13, 15, 17, 21	21	2, 8
	9	7, 8, 16, 22, 23	22	1, 7, 13, 19
	13	2, 8, 16, 19, 22		

국(鞠) 독(獨) 사(謝) 상(嘗) 손(遜) 선(鮮) 양(襄) 양(陽) 연(蓮) 위(蔿) 장(蔣) 종(鍾)
채(蔡) 촉(燭) 추(鄒) 택(澤) 한(韓) 향(鄕)

姓字	상명자	하명자	상명자	하명자
17	1	6, 14, 15, 20	15	1, 6, 16, 20
	4	4, 12, 14, 20	16	8, 15
	6	1, 12, 15, 18	18	6
	7	8, 14, 24	20	1, 4, 15
	8	7, 8, 16	21	14
	12	4, 6, 12	24	7
	14	1, 7, 21		

18획 성

간(簡) 구(瞿) 귀(歸) 안(顏) 위(魏) 전(戰) 호(鎬)

姓字	상명자	하명자	상명자	하명자
18	3	3, 14, 20	14	3, 7, 15, 19
	5	6	15	6, 14
	6	5, 7, 11, 15, 17	17	6
	7	6, 14	19	14
	11	6	20	3, 13
	13	20		

19획 성

감(鑑) 관(關) 담(譚) 방(龐) 설(薛) 온(薀) 정(鄭) 천(遷) 남궁(南宮) 재회(再會)

姓字	상명자	하명자	상명자	하명자
19	2	4, 14, 16	14	2, 4, 19
	4	2, 12, 14	16	2, 13, 16, 22
	6	10, 12	18	14
	10	6, 19	19	10, 14
	12	4, 6, 20	20	12, 13, 19
	13	16, 20	22	16

나, 라(羅) 석(釋) 엄(嚴) 종(鐘) 선우(鮮于)

姓字	상명자	하명자	상명자	하명자
20	1	4, 12, 17	13	4, 5, 12, 18, 19
	3	12, 15, 18	15	3, 17
	4	1, 9, 11, 13, 17, 21	17	1, 4, 15, 21
	5	12, 13, 27	18	3, 13
	9	4, 9, 12	19	12, 13, 19
	11	4	21	4, 17
	12	1, 3, 5, 9, 13, 19		

고(顧) 등(藤) 수(隨) 학(鶴)

姓字	상명자	하명자	상명자	하명자
21	2	14, 16	14	2, 3, 4
	3	8, 14	16	2, 8
	4	4, 12, 14, 20	17	20
	8	3, 8, 10, 16	20	4, 11
	12	4		

22획 성

감(鑑) 곽(藿) 권(權) 변(邊) 소(蘇) 습(襲) 온(蘊) 은(隱) 부정(負鼎)

姓字	상명자	하명자	상명자	하명자
22	1	2, 10, 15, 16	11	2
	2	1, 9, 11, 13, 15, 21, 23	13	3, 16
	3	10, 13	15	1, 2
	7	9, 10, 16	16	1, 7, 9, 13, 19
	9	2, 7, 16, 26	19	16
	10	1, 3, 7	21	2

24획 성

영(靈)

姓字	상명자	하명자	상명자	하명자
24	1	7, 23	13	8, 11
	5	8	14	7, 9
	7	1, 8, 14, 17	15	8, 9
	8	5, 7, 13, 15	17	7
	9	14, 15	23	1
	11	13		

독고(獨孤) 명임(明臨)

姓字	상명자	하명자	상명자	하명자
25	4	4, 12	12	4, 20
	6	7, 10	13	10
	7	6, 16	16	7, 16
	10	6, 13	20	12

제갈(諸葛)

姓字	상명자	하명자	상명자	하명자
31	1	6, 16, 20	10	6, 7
	2	4, 6, 14	14	2, 7
	4	2, 4, 17	16	1, 16, 21
	6	1, 2, 10	17	4, 20
	7	10, 14	20	1, 17
	8	8	21	16

11 원형이정 사례

한글	방	승	현
한자	方	勝	炫
발음오행	수	금	토
자원오행	토	토	화
획수	4	12	9
음양오행	음	음	양
원	**21**	**자립격, 두령운**	**길**
형	**16**	**덕망격, 유재운**	**길**
이	**13**	**총명격, 지달운**	**길**
정	**25**	**안강격, 재록운**	**길**

한글	이	지	훈
한자	李	持	熏
발음오행	토	금	토
자원오행	목	목	화
획수	7	10	14
음양오행	양	음	음
원	**24**	**출세격, 축재운**	**길**
형	**17**	**용진격, 건창운**	**길**
이	**21**	**자립격, 두령운**	**길**
정	**31**	**흥성격, 영화운**	**길**

1	2	3	4	5	6	7	8	9	10
●	X	●	X	●	●	●	●	X	X
11	12	13	14	15	16	17	18	19	20
●	X	●	X	●	●	●	●	X	X
21	22	23	24	25	26	27	28	29	30
●	X	●	●	●	X	X	X	●	X
31	32	33	34	35	36	37	38	39	40
●	●	●	X	●	X	●	●	●	X
41	42	43	44	45	46	47	48	49	50
●	X	X	X	●	X	●	●	X	X
51	52	53	54	55	56	57	58	59	60
X	●	X	X	X	X	●	●	X	X
61	62	63	64	65	66	67	68	69	70
●	X	●	X	●	X	●	●	X	X
71	72	73	74	75	76	77	78	79	80
●	X	●	X	●	X	●	X	X	X
81									
●									

» 길수: 1, 3, 5, 6, 7, 8, 11, 13, 15, 16, 17, 18, 21, 23, 24, 25, 29, 31, 32, 33, 35, 37, 38, 39, 41, 45, 47, 48, 52, 57, 58, 61, 63, 65, 67, 68, 71, 73, 75, 77, 81

» 흉수: 2, 4, 9, 10, 12, 14, 19, 20, 22, 26, 27, 28, 30, 34, 36, 40, 42, 43, 44, 46, 49, 50, 51, 53, 54, 55, 56, 59, 60, 62, 64, 66, 69, 70, 72, 74, 76, 78, 79, 80

1수 [吉]	태초격, 두령운	21수 [吉]	자립격, 두령운
2수 [凶]	분산격, 고독운	22수 [凶]	중절격, 박약운
3수 [吉]	명예격, 복록운	23수 [吉]	혁신격, 왕성운
4수 [凶]	박약격, 파괴운	24수 [吉]	출세격, 축재운
5수 [吉]	성공격, 명재운	25수 [吉]	안강격, 재록운
6수 [吉]	축재격, 후덕운	26수 [凶]	만달격, 평파운
7수 [吉]	강성격, 발전운	27수 [凶]	대인격, 중절운
8수 [吉]	발달격, 전진운	28수 [凶]	풍파격, 파란운
9수 [凶]	종국격, 불행운	29수 [吉]	성공격, 대복운
10수 [凶]	공허격, 단명운	30수 [凶]	불측격, 불안운
11수 [吉]	갱신격, 재건운	31수 [吉]	흥성격, 영화운
12수 [凶]	유약격, 고수운	32수 [吉]	순풍격, 왕성운
13수 [吉]	총명격, 지달운	33수 [吉]	등용격, 융성운
14수 [凶]	이산격, 파괴운	34수 [凶]	파멸격, 파멸운
15수 [吉]	통솔격, 행복운	35수 [吉]	태평격, 안강운
16수 [吉]	덕망격, 유재운	36수 [凶]	조난격, 파란운
17수 [吉]	용진격, 건창운	37수 [吉]	정치격, 출세운
18수 [吉]	발전격, 융창운	38수 [吉]	문예격, 학사운
19수 [凶]	성패격, 병약운	39수 [吉]	장성격, 지휘운
20수 [凶]	공허격, 허망운	40수 [凶]	변화격, 파란운

41수 [吉]	고명격, 제중운	61수 [吉]	영화격, 개화운
42수 [凶]	신고격, 수난운	62수 [凶]	낙화격, 고독운
43수 [凶]	성쇠격, 산재운	63수 [吉]	순성격, 발전운
44수 [凶]	파멸격, 파멸운	64수 [凶]	침체격, 쇠멸운
45수 [吉]	대각격, 현달운	65수 [吉]	달성격, 길상운
46수 [凶]	미달격, 비수운	66수 [凶]	쇠망격, 배신운
47수 [吉]	출세격, 발전운	67수 [吉]	천복격, 영달운
48수 [吉]	제중격, 영달운	68수 [吉]	발달격, 발명운
49수 [凶]	변화격, 성패운	69수 [凶]	불안격, 정지운
50수 [凶]	상반격, 불행운	70수 [凶]	공허격, 어둠운
51수 [凶]	길흉격, 성패운	71수 [吉]	만달격, 발전운
52수 [吉]	능통격, 전진운	72수 [凶]	불길격, 후곤운
53수 [凶]	불화격, 불화운	73수 [吉]	평길격, 평복운
54수 [凶]	무공격, 패가운	74수 [凶]	우매격, 불우운
55수 [凶]	부족격, 불안운	75수 [吉]	적시격, 평화운
56수 [凶]	한탄격, 패망운	76수 [凶]	선곤격, 후성운
57수 [吉]	노력격, 강성운	77수 [吉]	전후격, 길흉운
58수 [吉]	선곤격, 후복운	78수 [凶]	선길격, 평복운
59수 [凶]	불우격, 불성운	79수 [凶]	종극격, 종말운
60수 [凶]	동요격, 재난운	80수 [凶]	종결격, 은둔운
		81수 [吉]	환원격, 갱생운

⑬ 81수리 길흉 해설표

1수: 태초격, 두령운 (길)

만사와 만물의 시초로 근본이 되는 것이므로 강력하고 위대한 수이다.
수복을 겸비하여 명예와 지위가 올라가고 남녀 모두 말년이 편안하다.

2수: 분산격, 고독운 (흉)

다소 심약하여 이별, 불안, 동요, 종말, 분리, 파괴의 뜻이 포함되어 있다.
덕을 갖추어야 화합하고 협력하여 만복을 누릴 수 있는 수리이다.

3수: 명예격, 복록운 (길)

음과 양이 화합하는 만사형통의 좋은 수리이다.
머리가 영리하고 복록이 풍부하고 신체 건강하며 명예가 뜻대로 이루어지는 최대의
행운 수리이다.

4수: 박약격, 파괴운 (흉)

불운이 중첩되어 심신이 불안하고 파멸의 흉조라 독립심이 약하여 좌절하기 쉽다.
고통과 불운이 중복하여 진퇴양난의 불길한 수리이다. 그러나 간혹 호걸 또는 효자,
열녀가 나오는 수리이기도 하다.

5수: 성공격, 명재운 (길)

음과 양이 서로 화합하니 정신과 신체가 건강하고 윗사람이나 아랫사람의 신임을 얻
어 부귀와 영화를 누리는 대행운의 수리이다.

6수: 축재격, 후덕운 (길)

하늘의 덕과 땅의 행복을 한 몸에 얻어 보화가 집안에 들어오는 좋은 격이다.
풍부한 가업을 안전하게 계승할 수 있다. 확고한 신념과 인내력이 있어 명예와 재물을
지키는 길수이다.

7수: 강성격, 발전운 (길)

건강한 심신과 인내심으로 노력하여 대업을 성취하는 운이다.

그러나 강하면 부러지기 쉽듯이 친화력을 잃어 내외, 좌우에 불협화음을 일으킬 수 있으니 아집을 버리고 베풀면 양호한 수리이다.

8수: 발달격, 전진운 (길)

의지가 강하여 앞으로 나아가는 기백이 있고 만사를 잘 처리하며 목적을 달성할 수 있는 좋은 점이 있다. 너무 강직하여 시비의 위험이 있으니 마음의 덕을 쌓아야 한다.

9수: 종국격, 불행운 (흉)

꽉 찬 종국의 수이며 영웅호걸의 기지로 전진하나 중도에 좌절하고 육친과 생이별하며 홀아비나 과부로 한탄하는 수이다. 그러나 이 수리에서 영웅호걸과 대문인이 탄생하기도 한다.

10수: 공허격, 단명운 (흉)

수의 종국이니 공허를 나타내고 마귀가 재난을 부리는 상이다. 이 수가 중복되면 요절하거나 이별, 사별, 허무, 단명하며 불행을 암시하는 최악의 수이나 간혹 대성공하는 사람도 있다.

11수: 갱신격, 재건운 (길)

명철한 두뇌로 자수성가하며 이지적인 사고와 하늘이 주는 행운을 얻어 성공과 발전이 끝이 없다. 가문을 재건하므로 최대의 좋은 수리이다.

부부가 해로하고 자녀가 가문을 빛내 축복과 번영을 이룬다.

12수: 유약격, 고수운 (흉)

소극적이고 의지가 약하고 일의 진행이 미흡하니 어려운 처지에 놓일 가능성이 크다. 재치와 기량이 있으나 결정적인 순간에 좌절한다. 바라던 바를 이루기 어려우므로 파란 많은 생활이 예상된다. 심신이 약하여 주변 사람들에게 피해 의식을 느끼고 고독한 삶을 살게 되고 부부간의 정도 박약하다.

13수: 총명격, 지달운 (길)

두뇌가 명석하고 지혜가 타오르는 불길과 같아 명랑하고 똑똑하여 천하의 대세를 판단하고 어떠한 난관도 돌파한다. 입신양명의 고귀한 영예가 있고 대성할 수 있는 대길수다. 그러나 성질이 다소 급할 수 있다. 예능 방면에도 소질이 있는 수리이다.

14수: 이산격, 파괴운 (흉)

깊은 지혜로 매사를 쉽게 성취하고 상당한 직위와 가계를 수립하나 일시적인 성공이다. 운의 기복이 심하고 정직하지 못하여 파란이 중첩되고 매사가 여의치 못하다. 가정적 파탄을 야기하여 부부, 자녀가 생이별수이다. 그러나 예능에 비상한 재주가 있다.

15수: 통솔격, 행복운 (길)

원만하고 착실하다. 상하의 신망을 한 몸에 받아 큰일을 성취하여 가문을 일으키고 재물복이 있다. 부귀와 재물이 무궁한 길한 수리로, 여러 사람에게 추대되는 길수이다. 그러나 15수리가 2개 이상 겹치면 좋지 않게 작용한다.

16수: 덕망격, 유재운 (길)

불운을 극복하여 번창한다는 뜻이 있어 두터운 아량과 만인의 신망을 얻어 순조롭게 발전하는 수리이다. 온건한 사람으로 덕망이 높다. 특히 현모양처의 수리이며 예술가나 기술 계통으로 나가면 대길한 격이다.

17수: 용진격, 건창운 (길)

의지가 견고하고 어려움을 돌파하며 초지일관으로 대업을 완수하나 잘못하면 교만하여 불협화음을 일으키는 수이기도 하다. 의지가 강하고 매사를 적극적으로 진행하니 일단 시작을 하면 반드시 원하는 바를 성취한다. 명예와 부귀를 겸비하니 부러울 것이 없다.

18수: **발전격, 융창운** (길)

　지략과 지모와 권력을 겸비하여 동요하지 않고 백절불굴의 신념을 갖고 크게 성공하는 수리이다. 그러나 너무 강하여 화를 초래하는 경우가 있으며 7, 8, 17수리와 함께 있으면 호흡계 질환이 있다는 것이 흠이다.

19수: **성패격, 병약운** (흉)

　일시적인 성공은 거두나 뜻밖의 장애로 좌절되니 대업을 성취하기 어렵다. 또한 부부 인연이 박하고 여명은 과부가 많은 수리이다. 재주가 뛰어나도 예상치 못한 일로 좌절을 겪거나 허망한 경우가 많아 고통을 겪는다. 자녀운도 불길하며 하는 일마다 끝이 좋지 않다.

20수: **공허격, 허망운** (흉)

　일시적인 성공이 있을지라도 모든 일이 쇠퇴하니 운의 흐름이 좋지 않다. 심신이 약하고 육친의 덕이 없으며 부부, 자녀 간에 생이별이 있을 수 있다. 삶이 적막하고 하는 일마다 수포로 돌아가니 좋은 자질과 재능이 있어도 빛을 내기 어렵다. 심신이 고달프고 일생이 고독하니 사는 것이 어렵다.

21수: **자립격, 두령운** (길)

　검은 구름이 개고 밝은 달이 비춰 주는 형상으로 전도가 매우 밝고 만인지상의 두령운으로 권위가 드높고 출세의 길이 보장된다. 대업을 완수하며 부귀공명을 이룬다. 여자에게 흉하다는 말이 있지만 그것은 지금 시대에는 맞지 않는 말이다.

22수: **중절격, 박약운** (흉)

　가을의 초목에 서리를 맞는 형상으로 매사가 중도 좌절되는 불행의 흉수다. 이 수리의 공포야말로 이루 형용할 수가 없다.
조난, 역경에 처하며 가정생활이 불길하여 부부간 이별할 수 있으며 심지어 자신이 질병에 시달리거나 단명할 수도 있다. 학생의 경우에는 학업을 중도에서 포기하거나 전반적으로 운이 하락하는 수이다.

23수: 혁신격, 왕성운 (길)

호랑이가 날개를 단 형상으로 남자에게는 최고의 수리이다.

뛰어난 두뇌와 탁월한 역량으로 가진 것이 적어도 일약 출세하여 영도적 지위와 권세를 얻을 수 있다. 예전에는 여자에게 흉수라고 취급했으나 직장 생활을 하면서 이 시대를 살아가는 여성에게는 오히려 전화위복으로 작용하는 수도 있다.

24수: 출세격, 축재운 (길)

재능이 뛰어나고 재능과 근면으로 무에서 유를 창조하며 점차 부귀영화를 누리는 대길수이다. 처복도 좋아 뜻밖의 행운이 오며 미인을 배출하는 수리이기도 하다. 또한 문학 방면에도 뛰어나고 이성 간에 인기도 있으며 24수리와 타 수리가 연결이 잘 되면 일국의 권세도 장악할 수 있는 최대의 수리이다. 창조력이 뛰어나며 대예술가, 큰 기술자가 많이 배출되는 최상의 수리다.

25수: 안강격, 재록운 (길)

영웅적 성품과 뛰어난 재능을 타고났으며 명예와 재물을 겸하는 행운의 대길수이다. 두뇌가 총명하여 예능, 지능, 발명 우수, 애교 만점의 수리이기도 하다. 간혹 타인과 조화를 이루지 못하여 중도에 좌절하는 경우가 있으나 인화단결을 돈독히 하면 오히려 더욱 길해진다.

26수: 만달격, 평파운 (흉)

파란만장한 변괴의 운이다. 파죽지세로 공명을 얻어 위대한 발전을 이룰 수 있지만 결국은 좌절하여 탄식하게 된다. 육친의 덕이 없고 대인 관계에도 장애가 많아 홀로 외롭게 세상을 살아가게 된다. 불행과 풍파가 연속되니 크게 흉하다.

27수: 대인격, 중절운 (흉)

사명감이 투철한 인물로서 대사를 거행함에 있어 영웅의 기개로 부귀영화를 획득하나 자신을 과신한 나머지 다른 사람의 중상모략으로 모든 일이 중도에서 좌절된다. 그리고 이 수리에 걸리면 자살자가 많이 발생하는 것이 특징이며 그렇지 않으면 고독하고 불구가 되며 나쁘면 단명자가 많은 흉수이다.

28수: **풍파격, 파란운 (흉)**

파란, 변동이 많고 강직하여 타인과 융화하지 못하여 거친 파도의 돛단배와 같이 파란의 연속이다. 가정이 평안하면 일신상의 문제점이 발생하며 마음이 편치 못하다.

영웅호걸로 한때 이름을 떨칠 수 있으나 예상치 못한 난관에 부딪힌다. 모진 세파에 시달린다.

29수: **성공격, 대복운 (길)**

매우 활동적이며 지모가 뛰어나고 사회적으로 상당한 지위를 획득한다.

왕성한 활동력과 투지로 대업을 달성하여 명예와 부귀를 누린다.

재주가 뛰어나고 지혜가 출중하니 사회적으로는 높은 지위를 획득하고 하는 일마다 성공에 이른다. 명성이 널리 알려지게 되니 자손 대까지 번성한다.

30수: **불측격, 불안운 (흉)**

일시적 성공은 하나 운의 흐름에 굴곡이 많고 선악을 구별할 수 없어 파란을 자초한다. 하는 일마다 분명하지 못하고 우왕좌왕하게 되니 고독과 수심을 면하기 어렵다.

한 번은 대성을 이룰 수도 있으나 한 번은 크게 좌절하게 된다. 명석한 두뇌와 왕성한 활동력으로 매우 의욕적으로 활동하지만 결국에는 모든 것이 수포로 돌아간다.

31수: **흥성격, 영화운 (길)**

대내외적으로 발전이 있고 자주적인 정신으로 성공적인 삶을 살게 된다.

학문, 예술적으로도 크게 발전을 이루고 이성과 인연이 좋고 미인이 많고 재덕을 겸비하며 가만히 있어도 돈이 굴러 들어오는 길수이다.

지략이 뛰어나고 세인들의 존경과 추앙을 받고 부귀와 명성을 누리게 된다.

32수: **순풍격, 왕성운 (길)**

순풍에 돛 단 격으로 행운이 스스로 찾아오고 주변의 도움으로 파죽지세의 운세로 발전하는 수리이다. 인덕이 있어 윗사람의 후원을 받아 순조로운 성공을 이루게 된다.

인생의 전환점마다 좋은 인연을 만나 대성공의 기회를 얻게 되니 크게 길한 수이다.

하는 일마다 좋은 결실을 만들어 내니 사회적으로 대성공을 하고 명성이 날로 발전하여 존경받는 인물이 된다.

33수: **등용격, 융성운 (길)**

욱일승천의 화려한 운으로 과감하고 기상이 있어 출세한다.

천재성과 귀재로서 명예와 부가 스스로 찾아들고 만인의 존경을 받고 명성을 떨친다. 자신감을 가지고 성공을 이끌어 내며 윗사람에게 능력을 인정받으니 명성이 천하를 아우른다. 사회 공익 정신이 강하고 대인 관계의 폭이 넓어 큰 덕을 쌓으니 만인을 통솔하는 큰 지도자가 된다.

34수: **파멸격, 파멸운 (흉)**

불의의 사고가 속출하고 매사에 실패하는 수리이다.

조실부모하고 고독, 적막하며 부부, 자녀가 이별하는 풍전등화 격으로 일생에 한두 번 유혈을 초래하는 수리이기도 하다. 타고난 천성이 명랑하여 주변의 도움을 받게 되지만 성공 후에는 반드시 실패가 따르는 파란만장한 삶을 살게 된다.

35수: **태평격, 안강운 (길)**

자기 직분에 맞는 천직에 종사하고 충직하여 모사를 부리지 않으며 조용하고 편안한 생활에 안주하고 부귀, 장수하는 최상의 수리이다. 예술, 예능, 기능 방면에 진출한다면 발전, 성공하며 평생 행복하게 지낸다. 또한 여성에게는 최고의 수리로 내조의 공이 큰 수리다. 가정생활이 원만하고 부부도 서로 아끼고 사랑하니 가정이 발전하고 자손까지 그 영화로움이 미친다.

36수: **조난격, 파란운 (흉)**

의협심이 강하여 남을 동정하다 오히려 손해를 보며 파란곡절이 많다.

매사가 불안하며 혹 만인이 추앙하는 권세를 얻기도 하나 운이 도와주지 못하여 재난을 면하기 어렵다. 자만하지 말고 근면, 성실하게 살아야 한다.

의협심이 강하여 패가망신하는 경우도 있다.

37수: 정치격, 출세운 (길)

 열성과 의욕이 지극하고 재능이 탁월하며 의지가 강하여 대성할 수이다.

지모와 지략이 탁월하고 매사를 공평무사하게 처리하니 주변으로부터 아낌없는 칭송을 받는다. 부귀와 명성이 함께 따르니 아쉬울 것이 없다.

재물이 풍요로우며 자손이 번성하고 가정이 풍요롭다. 입신양명하니 대길수이다.

38수: 문예격, 학사운 (길)

 천재적인 재치와 명철한 두뇌로 문학, 예술, 창작, 발명의 자질이 뛰어나 입신양명하고 부귀공명을 하는 길수로 일생을 통하여 행복을 보장받는 수리다.

언제나 무에서 유를 창조해 내며 안정적인 발전을 이룬다.

39수: 장성격, 지휘운 (길)

 인품과 인격이 있고 권세와 덕망도 겸비하여 모든 일을 철저하게 계획하고 처리한다. 사물의 파악이 빠르고 성공하여 부귀영화를 누리니 만인을 통솔하게 된다. 가정적으로도 복록이 따르고 부부 사이가 좋으니 자손이 대대로 번영을 누리게 된다.

40수: 변화격, 파란운 (흉)

 일시적인 성공은 있을 수 있어도 운의 흐름이 좋지 못하니 삶이 변화무쌍하다. 모든 일에 노력한 만큼의 결과가 없으니 안타깝다. 인덕이 부족하여 하는 일마다 실패하기 쉽다. 대체로 화를 자초하여 패가망신하는 운의 수리다.

41수: 고명격, 제중운 (길)

 온건, 착실하게 사업을 운영하는 뜻이 있어 건전하게 대업을 성취하며 자선 사업, 교육 재단 등 선각자로 명성을 떨치는 지도자의 운이다. 준수한 인품으로 큰 뜻을 품고 실천해 가며 지도자의 자질이 풍부하고 사회적인 명성과 인기를 한 몸에 받을 수 있다. 집안도 화목하게 번창해 갈 것이다.

42수: 신고격, 수난운 (흉)

 다재다능하여 매사를 손쉽게 보는 편이며 표면은 화려하나 속은 비어 있는 형상이며 기술자에 불과하다.

성품이 완강하며 굽힐 줄 모르니 대인 관계가 원망하지 못하다. 편견이 강하고 자존심이 강해서 가족 간에도 화목하지 못하다. 시작은 있으나 끝마무리가 안 돼 용두사미 격이다.

43수: 성쇠격, 산재운 (흉)

 의지가 박약하고 주의가 산만하므로 매사가 흩어지는 형상이다. 외화내빈 격으로 실속이 없고 일시적인 성공을 거두다가도 불의의 재난이나 어려운 일을 겪게 된다. 주변 사람들에게 이용을 당하고 인복이 약하다.

지혜가 뛰어나지만 결단력이 없어 사소한 일도 큰 고민에 빠지며 하는 일마다 장애가 많아 힘이 든다.

44수: 파멸격, 파멸운 (흉)

 파괴, 멸망, 이별수까지 있는 흉수로 만사가 뜻대로 안 되고 곤경에 빠지며 가족과의 인연도 박하며 재난과 병액까지 겹치는 운수다. 그러나 간혹 효부, 효자, 위인이나 대학자, 발명가가 이 수리에서 배출되는 수도 있다.

창의력은 있어 보이나 신경이 예민하고 정신이 불안하여 일을 끝까지 성취해 내지 못한다.

45수: 대각격, 현달운 (길)

 순풍에 돛을 단 배로 만사형통하고 어떤 어려움이 닥쳐도 헤쳐 나가는 백절불굴의 정신으로 목적을 달성하는 길상의 수이다. 큰 뜻을 가지고 큰일을 성취하니 명성과 명예가 따른다. 선견지명이 있어 만인의 사표가 되고 존경받는 좋은 수이다.

46수: 미달격, 비수운 (흉)

 금은보화를 싣고 항해하다가 파선하는 형상이다. 매사가 뜻대로 안 되고 어려움이 많다. 그리고 26, 36수와 중복되면 정신력이 결핍하여 병약, 단명을 한다. 비록 이상과 포부가 크다 한들 의지가 약하고 융통성이 부족하여 좋은 결과를 맺기가 어렵다. 그러나 간혹 위대한 인물이 나오는 경우도 있다.

47수: 출세격, 발전운 (길)

 겨울 계곡이 봄을 만나 꽃이 만개한 형상이다. 만사가 순조롭고 큰 이익을 가져올 길상의 수리이다. 재산이 풍족하고 자손만대까지 번창한다.
주변 사람들로부터 신망과 존경을 받으며 타고난 지도자의 능력이 있다.
맡은 바 책임을 다하고 성실하니 인생이 순조롭게 발전하며 재물과 명예를 함께 얻게 된다.

48수: 제중격, 영달운 (길)

 노력의 결실을 얻어 신망이 두터워져 인생이 순조롭게 발전하니 만인의 지도자가 될 수 있다. 한평생 태평성대를 누리게 되고 지도자가 될 수 있는 수이다. 물고기가 물을 만나 힘차게 헤엄치는 격이니 만사가 원하는 대로 이루어지고 실패가 없으며 부부가 화합하고 자손 또한 번창하게 되는 만사형통의 길수이다.

49수: 변화격, 성패운 (흉)

 하나를 이루게 되면 하나는 패하는 격으로 대성을 했다가도 실패를 하고 다시 성공하는 길흉이 반복되는 수이다. 재능이 많고 특출 나서 실력을 발휘하여 자수성가하기도 하지만 다시 실패를 맛본다. 재난이 발생하면 걷잡을 수 없고 길과 흉이 상반되니 경솔하게 이 수리를 사용해서는 안 된다.

50수: 상반격, 불행운 (흉)

 용두사미 격으로 운이 혼미하고 일시적으로 성공하나 잘못하여 재기 불능의 운으로 전락한다. 심신이 허약하고 질병과 재앙으로 단명할 수도 있다.
말년에 패가망신에 고난을 당하는 수리이다.

51수: 길흉격, 성패운 (흉)

파란, 변동이 심하고 흥하고 망함이 빈번하고 길흉이 상반되어 편할 날이 없다. 이 수가 중복되면 말년에 산재의 흉이 발생한다. 목표에 도달하기까지 파란만장한 삶을 살게 되고 목표를 이루고도 좌절에 빠지는 경우가 많다.

52수: 능통격, 전진운 (길)

무에서 유를 창조하며 대세를 잘 파악하여 한번 행운을 잘 잡으면 비룡이 승천하는 상과 같다. 대성하여 그 영광을 후손까지 물려주는 대길수이다. 이 수는 대학자나 정치가, 경제인을 배출하는 길수이다. 경영하는 사람은 해를 거듭할수록 성장을 이루니 명성이 세상에 가득하게 된다.

53수: 불화격, 불화운 (흉)

길상이 반복하여 어려움이 오니 겉으로는 화려하지만 실속이 없어 재액이 그칠 날이 없다. 흉운이 닥치면 패가망신하는 운의 수이다. 삶의 굴곡이 심하고 부부간 이별수가 있으며 질병이나 수술 등으로 불길한 일을 당할 수 있다.

54수: 무공격, 패가운 (흉)

파란이 많고 만사가 뜻대로 되지 않으며 손해가 많아 패가망신하는 재액에 부딪히는 운수다. 말년에 불행을 당하는 수이며 근심과 걱정이 많다. 지혜가 남다르고 용모가 출중하여 대업을 이룬다 할지라도 물거품처럼 사라진다.

55수: 부족격, 불안운 (흉)

잘되면 천상의 용이 되고 못되면 지하의 지렁이가 되는 수리이며 흥망성쇠의 기복이 심한 편이다. 겉보기에는 화려하고 아무런 근심, 걱정이 없어 보이지만 실패로 인한 우울증에 시달리고 이별, 비애 등 수난의 운이나 인내심을 가지면 흉이 감한다.

56수: 한탄격, 패망운 (흉)

용기와 인내심이 없고 매사에 소홀하며 한번 넘어지면 일어나기 힘드니 환난에 휘말리는 암담한 수리다. 자립정신이 부족한데 일찍이 부모를 떠나 타향을 떠돌게 된다. 욕심은 많고 실천력이 약하니 하는 일마다 순조롭지 못하다.

57수: 노력격, 강성운 (길)

반가운 봄을 만나듯이 흉조에서 길조로 반전하는 수리다. 운을 한번 만나면 비약적인 발전을 보장받는 수로 시련을 잘 견디면 큰 대업을 이루는 길수이다. 어떤 일이든 자신감을 가지고 임하니 마침내 번영을 이루며 부부가 해로하고 자손까지 부귀영화를 누린다.

58수: 선곤격, 후복운 (길)

패가망신 후에 조금씩 길해진다. 처음에는 고난과 역경으로 고생을 면하기 어려우나 인내와 끈기로 극복하게 되니 말년으로 갈수록 노력한 결과를 얻을 수 있다.
굳은 의지와 끈기로 성취해 내는 대기만성형이다.

59수: 불우격, 불성운 (흉)

의지가 박약하고 용기와 인내력이 부족하다. 두뇌 회전도 잘 안되며 융통성이 부족하여 항상 고생이 따른다. 한번 불운에 빠지면 극복하지 못하여 재산 탕진 등의 비운을 당하는 흉수이다.

60수: 동요격, 재난운 (흉)

노력과 공이 헛되어 불안, 초조하다가 진퇴양난에 빠진다. 매사에 계획력이 부족하여 하는 일마다 성공하지 못한다. 어느 한자리에 안주하지 못하고 이동과 변동이 잦으니 안정감이 없고 정착하기 어렵다.

61수: 영화격, 개화운 (길)

명예와 영달을 한 몸에 받으며 재치가 넘쳐 큰 뜻을 펼치고 이루게 된다. 주변 사람들로부터 신망이 두텁고 하고자 하는 일을 성취하게 되니 삶이 안정되고 평안하다. 재물과 명예가 함께 있으니 사업에서 대성한 후 정치계에 진출해도 좋다. 노력한 만큼의 결과를 얻게 되는 길수이다.

62수: **낙화격, 고독운 (흉)**

불화하고 불신을 받아 점차 불행이 다가오고 계획이 중도에서 좌절되는 패가망신의 수리이다. 하는 일마다 실패를 거듭하고 사회적으로도 신망을 얻기 어려우니 심신이 고달프다. 부부가 해로하지 못하고 고향을 떠나 고달픈 나날을 보낼 수 있다.

63수: **순성격, 발전운 (길)**

가뭄에 단비를 만나듯이 스스로 발전하고 순탄하게 일이 진행되는 운수로 자기도 모르게 명예와 행복을 누리는 길상의 수이다. 하는 일마다 순조로워 목적을 달성하고 명예와 행복을 누리게 된다.
고난이 닥쳐도 슬기롭게 극복하며 일생 동안 행운이 따른다. 사방에 도움을 주는 귀인이 많으니 행복한 삶을 살게 된다.

64수: **침체격, 쇠멸운 (흉)**

운기가 쇠퇴하여 만사가 실패라 패가망신에 재난이 끊이지 않는 흉수이다. 재난이 끊이지 않고 질병으로 고생할 수 있으니 힘든 인생이 된다. 무리한 추진력으로 큰일을 그르치니 굴곡이 심한 인생을 살게 된다.

65수: **달성격, 길상운 (길)**

다복하고 장수하며 부귀영화를 누리고 그 영화를 자손까지 누리게 된다. 성품이 온화하고 신의와 성실로 많은 사람을 거느리니 집안에 복록이 가득하다. 재물과 명예가 부족하지 않고 부부 금슬이 좋으며 해로하게 된다. 평생을 순탄하고 행복하게 보내게 된다.

66수: **쇠망격, 배신운 (흉)**

파산수가 있고 하는 일이 뜻대로 되지 않고 친구와 선후배에게 배신을 당한다. 어두운 밤에 행인이 등불을 잃은 격이다. 진퇴양난에 빠져 앞날이 어둡다. 매사에 계획성이 없으니 착오가 생기고 일을 끝까지 마무리하지 못한다.

67수: 천복격, 영달운 (길)

 악몽의 긴 밤을 지나 희망의 새 아침을 맞이하는 형상으로 만인이 우러러보고 주변 사람들에게 신망을 얻고 만사가 뜻대로 되는 길상의 행운수이다. 대성하게 되며 풍성한 재물로 부귀영화를 평생 누리게 된다.

68수: 발달격, 발명운 (길)

 지혜가 있고 총명하고 사전 계획이 치밀하여 매사에 완벽하며 백절불굴의 기상으로 창조와 발명에 뛰어나다. 주위의 신망을 얻어 대성을 보장받는 길상의 수이다.

무에서 유를 창조해 내는 능력이 우수하고 실속 있게 일을 처리해 나가니 부귀영화가 따른다. 가정이 안정되며 천하에 부러울 것이 없다.

69수: 불안격, 정지운 (흉)

 궁핍과 병약을 겸비하여 무기력하므로 불안과 동요가 그칠 날이 없다. 매사 하는 일이 막히고 조난, 불구, 단명을 암시하는 흉수이다. 주변을 아무리 보아도 인덕이 없고 의지할 곳이 없다. 가족도 화합하지 못하고 마음이 항상 불안하고 근심이 끊이지 않는다.

70수: 공허격, 어둠운 (흉)

 근심과 수심에 사로잡혀 고독, 적막하고 오랫동안 허망한 세월을 보내게 된다. 매사에 자신감이 없고 주변에 늘 걱정거리가 생긴다. 부부도 인연이 나쁘니 서로 원수와 같다. 사방을 둘러보아도 적막할 뿐이며 한숨만 나온다.

71수: 만달격, 발전운 (길)

 사회적으로 덕망과 능력을 인정받아 출세하게 되는 길수이다. 가정도 모범적으로 잘 이끌어 나가며 만인의 존경과 부러움을 한 몸에 받는다.

초년에 역경이 있을 수 있으나 능히 극복이 가능하며 자수성가하여 대업을 이루는 좋은 수이다.

72수: 불길격, 후곤운 (흉)

검은 구름이 밝은 달을 가려 버리는 격으로 외관으로는 행복해 보이나 속으로 고민이 많은 형상이다. 처음에는 발전하는 듯하나 후반은 흉운으로 변하는 수이다. 돌발적인 사고로 부와 명예가 한꺼번에 날아가는 수이다.

73수: 평길격, 평복운 (길)

길흉이 상반하고 있다. 초반에는 다소 어려우나 후반에는 서서히 풀려 나가는 안락하고 평안한 수리이다. 평범하니 작은 행복과 무난한 삶을 추구하는 것이 좋다. 과도한 욕심을 내면 안 된다. 자신의 능력을 벗어난 일을 하면 패가망신을 할 수 있으니 자족하고 감사하게 살면 무난한 삶을 살 수 있다.

74수: 우매격, 불우운 (흉)

무력, 무능하고 무위도식하는 격으로 쓸데없는 망상으로 인간의 도리를 다하지 못한다. 역경에 봉착하여 한탄하며 헤매는 수리이다. 집중하지 못하고 이것저것 하다 보니 하는 일에 실패가 많다. 버는 것보다 지출이 심하니 일생을 경제적으로 어렵게 지낸다.

75수: 적시격, 평화운 (길)

진퇴를 거듭하다가 영화를 누리는 길한 수리로 제반 기초를 튼튼히 하여 발전하는 형상이다. 만약 욕심을 부리면 재액을 초래하므로 자중하면서 나아가면 좋은 길조를 나타내는 길상의 수리이다.
사회적으로 안정되고 가정도 평화롭다. 분수를 지키며 살면 하는 일이 순조롭다.

76수: 선곤격, 후성운 (흉)

만사 조화를 잃고 계획이 부실하여 실패하는 격으로 상해, 이별 등의 운이나 후반은 노력하면 그런대로 복을 누리는 수리이다.
물려받은 유산이 없고 빈손으로 세상을 살다 간다. 초년에는 곤궁하고 좌절이 많으나 갈수록 일이 번창할 수 있다.

77수: **전후격, 길흉운 (길)**

 길흉이 동반했기에 내외로 복과 화를 겸비하게 된다. 흉 중에도 좋은 일이 생기기도 하고 행복한 가운데 불길한 수가 생긴다. 초년에는 고생하지만 점차 발전하는 상이다. 중년부터는 순조로운 운이 연속되어 뜻한 바를 성취하고 부귀하고 효성이 지극한 자녀를 두게 되며 부부운도 좋아 백년해로한다.

78수: **선길격, 평복운 (흉)**

 길흉이 상반하는 수리로 전반은 발전하지만 후반은 약간 쇠퇴하는 운이나 비교적 평복을 누리는 운의 수리이다.
꾸준히 실천하지 않으니 목적 달성이 쉽지 않고 금전적 고충과 인간적 갈등을 겪게 된다. 부부간 이별수는 없지만 사이가 좋지 않다.

79수: **종극격, 종말운 (흉)**

 정신력이 박약하여 실천력이 없고 의협심이 없어 신용을 잃고 비난을 받는다. 폐인이라 임종의 시기를 기다리는 사람과 같이 암울한 수리이다.
 아무리 노력해도 이익보다 손실이 크니 결과에 만족하기 어렵다.

80수: **종결격, 은둔운 (흉)**

 운세가 평탄치 않고 고생이 막심하고 재액이 그칠 날이 없다. 병과 고독, 형벌을 받을 수이며 심하면 횡사하는 흉운의 수이니 스스로 자중하고 조심스러운 인생을 살아야 한다. 자신의 분수를 지키며 과욕을 삼가며 살아야 한다.

81수: **환원격, 갱생운 (길)**

 마지막 수로 시작하면 크게 성공을 이룰 수 있다. 운의 흐름이 왕성하여 매사에 경사가 따른다. 주변 사람들에게도 인정을 받으며 어려운 일이 생기더라도 은근과 끈기로 극복할 수 있으며 정신력이 대단하다.

충만함에 대하여

앞으로 남은 생을 충만하게 살고 싶다. 그동안 나는 수많은 시행착오를 통해 충만이라는 단어에 내포된 의미와 충만함이 주는 기쁨을 채우려 노력했다. 지금까지 간헐적으로 맛보았던 충만함을 이제부턴 삶의 전반에 걸쳐 가득 채우고 싶다.

충만함의 사전적 정의는 "한껏 차서 가득하다. 마음에 기쁨이 충만하다."라는 뜻이다. 감사와 기대감으로 충만한 사람은 부드럽다. 사고가 유연하다. 사실을 왜곡해서 바라보지 않으며 편협한 주장을 하지 않는다.

사람마다 충만함의 소재는 다를 것이다. 어떤 사람은 종교적으로, 어떤 사람은 봉사를 할 때, 어떤 사람은 학문적 업적을 쌓으면서 충만함을 느낄 것이다. 충만한 삶을 살기 위해서는 우선 나 자신을 파악하는 것이 중요하다. 자신이 무엇을 할 때 행복한지, 그 행복감이 어떻게 충만함으로 연결되는지를 알아야 한다. 또한 보편적 가치를 추구하고 있는지 늘 채근해야 한다. 방향을 잃은 채 자신의 이론에 빠지는 오류를 범하게 될 경우, 독선적인 사람이 될 수도 있다.

가치 지향적인 것이 배제된 목표가 결과로 나왔을 경우, 일시적인 기쁨은 있을 수 있지만 지속적인 충만함을 느끼기는 어렵다. 하지만 가치 지향적인 목표를 세웠을 때 강력한 욕망이 생기는 것이고, 그 욕망은 사람을 행동하도록 이끈다.

그 실천은 결국 충만함으로 연결된다는 것을 알게 되었다.

오래된 아침 습관이 있다. 어릴 적부터 나의 머릿속에는 늘 해결해야 하는 과제와 불안이 많았다. 아침에 눈을 떠도 바로 일어나지 않고 오늘 해결해야 하는 일이 무엇인지 생각했다. 아침부터 걱정거리를 안고 시작했다.

그러나 내 마음속에 멘토 한 분을 받아들인 이후, 하루의 시작이 달라졌다.

새벽 루틴을 만든 것이다. 할 일이 있으니 누워서 걱정할 시간을 주지 않고 곧바로 일어난다. 선천 적성(기질 적성) 검사를 통하여 새로운 학문을 접하고 뭔가 생산적인 일을 행동으로 옮길 때 행복하고 충만함을 느끼는 사람이라는 걸 알게 된 것이다. 많은 사유의 시간은 나에게 독이 된다는 것을 깨닫게 되었다.

이른 시간, 나만의 시간과 공간을 갖는다. 두어 시간 글을 쓰고 책을 읽고 때론 명상을 한다. 새벽 시간을 잘 활용하고 나면 하루가 뿌듯하다. 한낮에 특별한 일이 없어도 좋다. 무엇을 하든 누구를 만나든 무의미하게 느껴지지 않는다.

새벽에 충전된 에너지가 그득하므로.

오롯한 시간을 보내고 집으로 돌아올 땐 또 다른 행복이 찾아온다.

충만함이다.

우주의 새벽을 걷는 행복.

하루를 가불받은 자의 기쁨이 이러할까.

- 충만함으로 가득 차던 이른 시간에 -

명리적성과
작명개운법

-

6장

01 명리적성의 개념

6장에서는 명리적성과 작명개운법에 대해서 기술하고자 한다.

작명학에 대해서 논하다가 갑자기 왜 명리적성일까 하고 의문점을 가질 수도 있다. 필자는 2022년 7월에 출간된 『**명리적성 비법노트**』의 저자이기도 하다. 필자는 명리학을 공부하며 자신의 강점 지능을 살려 하고 싶은 일을 하며 즐겁게 사는 인생이 너무나 중요하다는 것을 새삼 느꼈다. 명리적성의 중요성을 깨달은 것이다.

사주를 통하여 **자신의 강점 지능을 찾을 수 있고, 격을 파악하여 사회적으로 성공할 수 있도록 작명을 하기 위해서는 명리적성 분야에 대한 심도 있는 연구**가 필요하다. 기존의 작명책은 명리적성 분야에 대해 기술되어 있지 않다. 그래서 필자가 이번 책에서 명리적성 분야를 함께 다루기로 했다.

정담진로코칭센터를 운영하는 필자는 자신의 **진로가 무엇인지 몰라 방황하는 청소년과 자녀의 강점이 무엇인지 파악하지 못하고 있는 부모**를 종종 만난다.

이렇게 방황하는 청소년은 방향성을 잡지 못하고 어릴 때부터 시작한 과도한 사교육에 지쳐 초등학교 고학년만 되어도 학습에 흥미를 잃어버리게 된다. 필자 또한 이런 고민과 시행착오를 겪은 사람이기 때문에 부모의 안타까운 심정을 진심으로 이해한다.

필자는 자녀의 타고난 선천 적성이 무엇인지 파악하는 것을 적극적으로 권하며 우리 아이가 어떤 성향인지를 파악하는 것이 매우 중요하다고 생각한다. 필자는 박사 과정에서 가족상담학을 전공했기 때문에 MBTI, 홀랜드 검사, 다중 지능 이론에 대해서도 학습하고 교육한 사람이다. 하지만 서양에서 들어온 검사는 자신의 생각이 투영되기 때문에 심리적 오염이 있을 수 있다.

타고난 선천 적성을 알기 위해서는 타고난 사주를 분석하는 것이 매우 유용하다.

필자는 홀랜드 검사나 다중 지능 검사처럼 검사지를 통하여 타고난 명리적성을 파악할 수 있다. **그때그때 기분에 따라 달라지는 결과치가 아니라 사주를 통한 타고난 선천 적성을 파악할 수 있는 것이다.**

선천 적성을 파악하여 자신의 타고난 강점 지능을 찾아 줌은 물론이며 사주의 부족한 부분은 보완하여 **이름 성형**을 해 줌으로써 마음에 행복감과 자신감을 가지고 살아갈 수 있도록 하는 것이 필자의 사명이며 하는 일이다.

흔히 첫 단추를 잘 끼워야 한다고 한다. 첫 단추가 잘못 끼워져 있다는 것을 빨리 알면 알수록 좋다. 인생의 어려운 일을 다 겪고 나서 내 인생은 왜 이리 안 풀리나 하고 여기저기 다니며 신세 한탄만 하지 말고 이제부터라도 **인생의 첫 단추를 다시 끼워 볼 것을 권하고 싶다.**

필자는 **첫 단추를 그 사람의 이름**이라고 말하고 싶다.
이름이 왜 중요한지는 계속해서 이야기하고 있다.
이름은 반드시 그 사람의 사주를 보완하는 이름이 되어야 인생이 수월하다.
잘 지어진 좋은 이름을 가지고 있는 사람은 100m 달리기를 할 때 다른 사람보다 10m 앞에서 시작하는 것과 같다. 10m 앞에서 달리는 것과 시작점에서부터 달리는 것은 승패를 가를 수 있을 정도의 큰 차이이다.

사주를 수레바퀴라고 생각해 보자. 사주가 오행을 골고루 갖추고 있지 않고 어떤 오행은 과다하고 어떤 오행은 없어서 이가 빠지고 찌그러진 사주라고 가정해 보자. 작명을 할 때 빠진 이는 채워 넣고 너무 과도한 부분은 기운을 빼 주어야 한다. 그렇게 함으로써 균형을 맞추어 동그랗게 만들어 준다면 그 수레바퀴는 잘 굴러가게 될 것이다.

성명을 감명하다 보면 **불균형의 수레바퀴를 더욱 불균형으로 만들어 버린 경우를 보게 된다. 이런 경우가 안타까운 경우**이다.
이름을 감명받는 것은 그리 큰돈이 드는 것도 아니고 무료로 감명해 주는 곳도 많으니 필히 자신의 성명을 감명해 볼 것을 권한다.
이쯤이면 개명이 무슨 만병통치약이냐고 반문하는 분도 있을 것이다.
물론 아니다. 하지만 병을 알고 치료하는 것과 자신의 병을 모르고 사는 것과 같은 이치라고 생각하면 된다. **긍정적인 기운을 주는 이름을 사용하는 것은 매우 중요**하다.

매일 불리는 이름이 부정적인 영향을 주는 이름이라면 안 좋은 영향을 주는 것은 너무 뻔한 결론이다. 소중한 나의 이름에 대한 중요성과 가치를 인식했으면 하는 바람이다.

대물림이라는 말이 있듯이 부모의 직업이 자녀에게 대물림된 경우가 많다. 부모 또한 자식이 자신과 같은 직업을 가졌으면 하는 분이 많이 있다.

이럴 경우 원하는 직업에 맞게 이름을 지을 수도 있다.

사주를 기반으로 하는 **명리적성학의 최대 강점은 타고난 운명을 파악할 수 있는 것이다.** 작명학은 타고난 적성을 최대한 발현하며 살 수 있도록 돕는 아주 유용한 학문이다. 그런 의미에서 명리진로적성과 성명학은 매우 중요한 분야라고 생각하여 한 파트를 할애하게 되었다.

부모라면 누구나 자녀의 이름을 잘 먹고 잘살고 행복한 삶을 사는 이름으로 짓고 싶어 한다. 그렇다면 좋은 직업을 갖고, 자신의 강점을 살려 그 직업에서 성공하도록 이름을 지어야 한다. 그래서 비싼 돈을 지불하고 전문 작명사를 찾는 것 아닌가?

그러니 사주의 강점 지능에 따른 직업, 용신에 의한 직업, 사회적으로 성공하기 위해서는 격이 무엇인지 파악하여 이름을 지어야 함이 마땅하다.

음양오행, 발음오행, 자원오행, 수리오행의 4격을 맞추는 것은 진로 적성을 찾고 건강하고 행복한 삶을 살도록 하는 일련의 과정이라 할 수 있다.

작명사들은 사명감과 함께 명리적성에 대한 뚜렷한 인식을 가지고 작명했으면 하는 바람이다. 그런 의미에서 6장은 매우 중요하다고 할 수 있다.

6장의 많은 부분은 필자가 저술한 『**명리적성 비법노트**』에서 인용하였다.

명리적성에 대한 더욱 자세한 내용은 『명리적성 비법노트』를 참고하기 바란다.

02 오행의 개수에 따른 성격의 변화(목, 화, 토, 금, 수)

만세력(천을귀인, 하늘도마뱀)에 자신의 사주를 넣고 목, 화, 토, 금, 수 오행을 분석해 보기 바란다. 8글자가 어떤 구성을 이루고 있는지 파악하고, 단순히 개수만으로 성격 파악을 해 보도록 하겠다.

오행마다 나타나는 성향이 다르다. 오행의 유무와 많고 적음에 따라 각각 성향과 추구하는 바가 다르게 나타난다. **오행의 완급 조절을 이름으로 할 수 있다.**

다음 표로 오행의 개수에 따른 성격의 변화를 기술하였다. 오행의 개수에 따라 성격의 변화가 있다. 한 오행이 치우쳐 있으면 과다한 오행으로 인하여 성격의 장단점이 나타나고 건강상의 문제점이 발생할 수 있다. 오행의 분포를 봤을 때 그것의 조절이 필요하다고 보이면 작명 시 이 부분을 조절하여 작명하면 된다 **[월지 오행은 다른 오행의 두 배(개수로는 2~3개)로 적용].**

―― MEMO ――

오행	개수	표출
木(목) 창의성 진취성 긍정성 추진력 적극성 미래 지향	성향	» 목(木)은 나무처럼 곧게 위로 뻗어 올라가는 형상이다. » 행동으로는 의욕과 적극성을 나타내며 시작이나 처음을 뜻한다. » 성격상으로 무엇이든 하고 싶은 의욕, 무엇을 행하고자 하는 목적의식, 일에 대한 도전 정신 등을 의미한다. » 오행에서의 목은 무엇인가를 하고자 하는 시작의 욕구로 이해하면 쉽다
	木이 부족한 경우 (0~1개)	» 목이 부족하면 생각은 하지만 의욕과 목적의식 없이 망설이고 시간의 소비가 많다. » 가끔은 계획성 없이 즉흥적으로 행하기도 한다. » 스스로 시작하기를 주저해 의지박약으로 보일 수 있다. 뭔가 추진하는 적극성이 필요하다.
	木이 적당한 경우 (2~3개)	» 목이 적당하면 모든 상황에 맞춰 일을 하는 타입이다. 현실에 맞게 행동하고 실행한다. » 한 번 더 생각하고 판단하는 타입으로 무리하지 않는 한도 내에서 결실을 본다. » 적당한 의욕을 가지고 있으며 주변의 도움을 받을 줄도 알고 융통성이 있다.
	木이 과다한 경우 (4개 이상)	» 목이 과다한 경우는 의욕이 왕성하기 때문에 시작은 잘하지만 다른 오행의 부족으로 인해 끝까지 이어 가질 못하고 중간에 포기하는 일이 많다. » 여러 가지 일을 벌이기만 한다면 마무리가 힘들기 때문에 무슨 일이든 한 가지 목적을 두고 행해야 한다.

오행	개수	표출
火(화) 명예 열정 명랑 예의 처세 사교성	성향	» 화(火)는 불처럼 타올라 주변을 따뜻하게 밝혀 주는 힘을 나타낸다. » 木을 이끌어 가는 열정과 끈기의 형상으로 볼 수 있다. » 무엇이든지 이어 가는 끈기와 따뜻함을 베푸는 정, 남녀 간의 애정 등으로 표현된다. » 애정을 관장하는 사랑의 전령사 역할도 하며 부족해도 문제지만 넘쳐도 문제가 된다. » 화를 통해 겉으로 드러나는 행동의 척도를 가늠해 볼 수 있다. 하지만 무슨 일이든 화(火) 혼자 할 수 있는 일이 아니며 목의 힘이 필요하다.
	火가 부족한 경우 (0~1개)	» 화가 부족하면 인내와 끈기가 약해서 무슨 일이든 오래가지 못한다. » 애정 결핍으로 남녀 간의 애정이 약해 좋아하는 이성과 잘 연결되지 않고 연결되더라도 오래가지 못하고 쉽게 식어 버린다.
	火가 적당한 경우 (2~3개)	» 화가 적당하면 열정과 애정이 많다. 열정이 있어 주어진 것에 대한 책임감 역시 강하다. » 정이 많으며 표현을 잘해 주변 사람들과의 친화력이 좋은 편이다. » 예의가 바르고 사교성도 좋다.
	火가 과다한 경우 (4개 이상)	» 화가 과다하면 열정이 지나쳐 다혈질 성향이 보인다. » 정이 많아 정 때문에 손해 보는 일이 많고 그로 인해 상처받는 일도 많다. » 시작은 잘하지만 마무리가 약하다(유시무종). » 과도한 열정으로 차분함과 순간마다 적절한 감정 조절이 필요하다.

오행	개수	표출
土(토) 원만 조절 타협 중용 신용	성향	» 토(土)는 흙을 의미한다. 나무를 받아들이고 물을 수용하는 것이 바로 토이다. » 마음의 안정과 여유, 받아들이는 포용력, 신뢰할 수 있는 믿음 등으로 나타난다. » 모든 오행이 중요하지만 특히 토의 기운은 개개인의 심리적 여유, 마음의 편안함과 깊은 연관이 있다. » 집과 같은 역할로 오행 중 중요한 요소라 볼 수 있다.
	土가 **부족한 경우** **(0~1개)**	» 토가 부족하면 뿌리를 내릴 기반이 없으니 마음이 공허하다. » 항상 불안정하고 포용력이 약해 믿을 땐 아주 깊게 믿고 의심할 땐 한없이 의심한다. » 마음의 여유가 부족해 편하게 못 쉬며 마음이 좁아 조바심을 많이 낸다.
	土가 **적당한 경우** **(2~3개)**	» 토가 적당하면 무엇을 행하더라도 안정적이고 여유가 있다. » 인간관계도 믿음과 신뢰를 바탕으로 이루어진다고 본다. » 주위 사람들을 편하게 해 주고 적당히 타협할 줄도 알아 안정된 생활을 한다.
	土가 **과다한 경우** **(4개 이상)**	» 토가 과다하면 마음의 여유가 넘쳐 나태함으로 나타난다. » 모든 일을 합리화하는 경향이 짙어 현실 적응력이 약해지는 경우도 생긴다. » 믿으면 확실하게 믿고 그렇지 않을 땐 미련도 두지 않는 극단적인 성향을 보이기도 한다. » 조심할 점은 게으름 때문에 신뢰를 잃기 쉬우니 항상 분명한 목적을 가지고 있는 것이 좋다. » 자신의 속내를 드러내지 않고 무슨 생각을 하는지 알기 어렵다.

오행	개수	표출
金(금) 단호 의지 수렴 결실 분석 비판 金(금)	성향	» 금(金)은 금속의 특성을 지니며 단단하고 강함을 상징한다. » 木과 火에 의해서 이루어지는 결실을 뜻하기도 한다. » 현실적인 감각과 주고받는 합리적인 사고로 맺고 끊음이 분명하다. » 결단력, 자기방어 등의 성격을 보인다. » 오행에서의 金은 결실을 나타내므로 현실적으로 중요한 요소이다.
	金이 부족한 경우 (0~1개)	» 금이 부족하면 자기 것을 챙기지 못해 실속이 없다. » 실제로 상대에게 주기는 하지만 받는 것이 없어 손해를 많이 보게 된다. » 손해를 보면서도 말을 하지 못하고 맺고 끊음이 약하다. » 부탁을 거절하지 못하고 도와줘도 돌아오는 게 없다. » 금전 거래를 하게 되면 받기 어려우니 하지 않는 것이 좋다.
	金이 적당한 경우 (2~3개)	» 금이 적당하면 합리적인 사고를 하며 베풀 때와 챙길 때를 구분한다. » 이해득실을 잘 따지기 때문에 손해를 보지 않고 적당하게 처신을 잘한다. » 현실적인 감각이 뛰어나 무모하게 행동하지 않는다. » 주고받는 관계가 명확해 같은 실수를 반복하지 않는다.
	金이 과다한 경우 (4개 이상)	» 금이 과다하면 이기적인 사고가 강해 자기 것에 대한 집착이 강하다. » 작은 일에도 절대 손해를 보는 일이 없고 주고받는 관계가 지나치게 확실하다. » 이해득실에 민감하기 때문에 남에게 피해를 주면서까지 자신의 이익을 추구한다. » 너무 강하면 부러질 수 있기 때문에 강약 조절이 필요하다. » 인간관계를 자꾸 정리하다 보니 주변에 사람이 없다.

오행	개수	표출
水(수) 지혜 저장 휴식 인내 연구	성향	» 수(水)는 물의 흐름을 의미함과 동시에 부드러움과 유연함을 나타낸다. » 숲의 결실을 생명으로 태어나게 하며 만물을 잉태시키는 윤활유와 같은 역할을 한다. » 분위기를 만드는 애교와 이성 간의 사랑, 윤활유와 같은 유연성과 부드러움, 처세술, 융통성 등의 성격을 보인다.
	水가 부족한 경우 (0~1개)	» 수가 부족하면 부드러운 흐름이 없기 때문에 딱딱하며 막힘이 많다. 인간관계에서 처세술이 부족하고 사교성이 적다. » 이성 간에도 부드러움이 없어 첫 만남은 물론이고 결실도 보기 어렵다. » 자신을 숨기는 일에 서툴기 때문에 사회생활에 적응하는 것도 다른 사람들에 비해 힘들다고 판단된다.
	水가 적당한 경우 (2~3개)	» 수가 적당하면 모든 것이 원만하게 흘러가기 때문에 주변 관계가 부드럽다. » 이해심이 많고 사교성도 좋은 편이다. » 감정 조절이 좋고 환경에 대한 대처 능력도 적절해 분위기 메이커의 역할을 하게 된다. » 이성 간에도 적당한 관계를 유지할 줄 알아 큰 무리 없이 원만한 관계를 유지한다.
	水가 과다한 경우 (4개 이상)	» 수가 과다하면 능수능란한 유연함으로 처세술이 매우 뛰어나 진정성이 없어 보인다. » 쉽게 판단하고 쉽게 생각하는 경향이 있는데 때로는 지나쳐 처신함에 있어 주의해야 한다. » 정적인 것보다는 수다스러운 것이 좋으며 너무 정적인 경우엔 육체 건강에 이상이 올 수 있으니 주의해야 한다.

03 명리적성에 따른 작명학의 원리와 개념

사주와 명리적성의 관계를 판단하여 작명하는 방법은 크게 3가지로 구분할 수 있다.

첫째, 강점 지능에 의한 진로적성을 찾아 작명을 하는 방법이다.

필자는 강점 지능을 파악할 때 점수론을 따른다. 오행의 개수에 따른 성격의 변화와 일맥상통하지만 좀 더 구체적으로 점수화하여 강점 지능화를 하였다.

예를 들어 오행이 골고루 배정되어 있어 특별한 강점이 잘 나타나지 않는 경우가 있다. 이럴 경우 부모가 원하는 분야의 직업과 관련된 강점 지능을 살릴 수 있는 오행을 넣어 작명을 하면 된다.

둘째, 용신에 의한 직업적성을 기반으로 작명을 하는 방법이다.

필자는 용신에 의한 직업보다는 강점 지능에 의한 직업을 갖는 것이 더 용이하고, 삶을 행복하게 살 수 있다고 생각한다. 강점 지능을 살릴 수 있는 용신을 넣어 작명하면 좋다.

셋째, 格에 의한 직업적성을 기반으로 작명하는 방법이다.

대체로 월지를 보고 格을 잡는다. 格은 있는데 격용신이 사주 원국에 없는 경우가 있다. 대운에서도 격용신이 오지 않을 경우 격용신을 넣어 작명을 해 주면 명식의 주인공이 격국을 살려 사회적으로 성공한 삶을 살 수 있도록 도와줄 수 있다.

어떤 부분을 중요하게 생각하여 작명을 할 것인지는 작명사의 선택이며 또한 작명사의 역량과 자질이다. 수학에도 공식이 있고 작명에도 일반적인 음양오행, 발음오행, 자원오행, 수리오행을 맞춰야 하는 공식이 있다. 그래서 **어떤 자원의 오행을 넣을 것인지가 매우 주요한 관건이며 이것이 작명사의 노하우이며 실력이라 할 수 있다.**

점수론은 사주 명식 분석 시 오행의 위치에 따라 각각의 점수가 배분된다.

세세하게 다룰 수는 없으나 간략하게 정리하면 다음 도표와 같다.

다소 복잡하고 어렵게 느껴질 수 있으나 강점 지능을 파악하기 위해서는 오행별 위치에 따른 점수를 파악하고 있어야 한다.

월지가 인월(寅月)과 신월(申月) 진(辰) 술(戌) 축(丑) 미(未) 월(月)인 경우 배속된 날짜를 파악하고 오행을 배정한다. 월지와 시지는 사주에서 한난조습 중 한난을 관장하기 때문에 월지의 오행과 시지의 오행은 도표에 따라 점수가 달라짐을 유념해야 한다.

時干	日干	月干	年干	天干 점수
10점	10점	10점	10점	40점
時支	日支	月支	年支	地支 점수
15점	15점	30점	10점	70점 천간과 지지의 총합 110점

- 천간과 지지를 합쳐 오행별 점수가 25~45점 정도면 발달로 장점의 성향이 나타나며 50점이 넘으면 과다로 단점의 성향이 나타난다.
- 발달의 성향(25~45점)을 가진 오행이 강점 지능으로 나타난다.
- 강점 지능을 살릴 수 있는 자원오행을 넣어 작명하면 자신이 원하는 일을 하면서 기쁘고 수월하게 살 수 있다.

아래 도표를 보고 점수를 배분하기 바란다.

月支	양력	월지 배속 일자	月支 점수(30점)	時支 점수(15점)
寅 (木)	2. 4.~3. 5.	2. 4.~2. 14. 2. 15.~2. 25. 2. 26.~3. 5.	水 30점 水 20점 木 10점 水 10점 木 20점	» 丑時와 寅時는 水 15점으로 본다.
卯 (木)	3. 6.~4. 4.		木 30점	» 辰時는 木 15점으로 본다.
辰 (土)	4. 5.~5. 4.		卯時, 辰時일 때는 月支 辰도 木으로 본다.	» 辰時는 木 15점으로 본다.
巳 (火)	5. 5.~6. 4.		火 30점	
午 (火)	6. 5.~7. 6.		火 30점	
未 (土)	7. 7.~8. 6.		土이지만 火 30점으로 본다.	» 未時는 火 15점으로 본다.
申 (金)	8. 7.~9. 6.	8. 7.~8. 16. 8. 17.~8. 27. 8. 28.~9. 6.	火 30점 火 20점 金 10점 火 10점 金 20점	» 申時, 未時는 火로 본다.
酉 (金)	9. 7.~10. 7.		金 30점	» 戌時는 金 15점으로 본다.
戌 (土)	10. 8.~11. 6.		酉時, 戌時일 때는 月支 戌도 金으로 본다.	» 戌時는 金 15점으로 본다.
亥 (水)	11. 7.~12. 6.		水 30점	
子 (水)	12. 7.~1. 4.		水 30점	
丑 (土)	1. 5.~2. 3.		土이지만 水 30점으로 본다.	» 丑時, 寅時는 水 15점으로 본다.

오행별 강점 지능에 따른 명리적성
(점수론으로 25~45점: 강점, 50점이 넘으면 과다: 단점)

　어릴 적 자신의 적성에 맞는 직업군을 발견하여 적성에 맞는 교육을 받고 성장하게 된다면 그것처럼 행복한 일이 없을 것이다.

　그래서 신생아 작명을 하는 경우, 부모의 직업을 이어받는 경우가 많기 때문에 부모의 바람을 듣고 충분히 상의한 다음 사주의 **格**을 잡아서 작명을 해 주면 금상첨화이다.

　사주와 맞지 않는 전공과 직업임에도 부모가 자신의 이루지 못한 꿈을 위해서, 혹은 사회적으로 돈을 많이 벌고 인정받는 직업이라 하여 자녀에게 강요하게 된다면 직업의 만족도는 현저히 떨어지고 행복감을 느끼며 살기 어렵다. 사주를 보고 문제점은 보완해 주고 강점은 살리는 이름으로 작명을 하는 것이 작명사들의 사명이자 의무라고 생각한다.

　명리적성에 맞는 전공을 선택하고 적성에 맞는 직업을 선택하여 평생을 살아가게 된다면 얼마나 행복한 인생이 될 것인가? 어떤 가수가 이런 말을 했다. "나는 돈을 주고서라도 클럽에 가서 춤추고 놀았을 텐데 신나게 춤추며 노래했더니 돈을 준다. 얼마나 행복한 일인가?" 이것이 바로 **자신이 타고난 진로적성대로 사는 삶**이다. 머리 좋은 사람은 성실한 사람을 이길 수 없고 성실한 사람은 즐기는 사람을 이기지 못한다 했다. 좋아하지 않으면 즐길 수 없다. 어떤 분야에서든 탁월한 사람은 자신의 일을 좋아하고 즐기며 하는 사람들이다. **좋아하는 자신의 분야를 찾아 주는 것이 명리적성학**이다.

오행	성향	강점 지능(25~45점)과 직업
木 창의성 진취성 긍정성 추진력 적극성 미래 지향	강점 지능	» 모든 상황에 맞춰 일을 하는 타입이다. 현실에 맞게 행동하고 실행한다. » 한 번 더 생각하고 판단하는 타입으로 무리하지 않는 한도 내에서 결실을 본다. » 적당한 의욕을 가지고 있으며 주변의 도움을 받을 줄도 알고 융통성이 있다.
	목이 부족	» 목의 기운이 부족한 사람이 목과 연관된 직업을 시작할 때, 상당히 많은 고민과 어려움이 따른다. » 목이 부족한 사람의 특징상 무슨 일이든 시작에 걸리는 시간이 상당하기 때문이다. » 일단 저지르고 나서 판단하는 것이 현명하다 할 수 있다.
	강점 직업	» 사무직, 법, 행정 공무원, 교육, 의약, 출판, 방송, 작가, 기자, 음악, 통신, 섬유, 가구, 의류, 문구, 조경, 원예, 약초, 지물, 청과, 산림, 인테리어, 디자인, 농장, 침술, 승려, 제지, 피혁, 건축이나 섬유, 연구직, 조경, 화원, 조경, 제조업 » 인문계, 교육계, 언론계, 의약계, 인문·사회계, 정신과, 신경외과, 정형외과, 한의학
火 명예 열정 명랑 예의 처세 사교성	강점 지능	» 열정과 애정이 많다. 열정이 있어 주어진 것에 대한 책임감 역시 강하다. » 정이 많으며 표현을 잘해 주변 사람들과의 친화력이 좋은 편이다. » 예의가 바르고 사교성도 좋다.

火 명예 열정 명랑 예의 처세 사교성	**화가 부족**	» 화의 기운이 부족한 사람이 화와 연관된 직업을 가질 때, 시작은 그리 어렵지 않다. 화는 뭔가를 마음먹으면 불처럼 일어나기 때문 이다. 단지 그 시작을 이어 가는 것이 문제다. 유시무종이 문제다. » 열정과 끈기의 부족으로 시작은 했지만 쉽게 식어 버릴 확률이 높 다. 화의 기운이 부족한 사람은 무슨 일이든 열정적으로 행하는 것이 중요하다.
	강점 직업	» 전자, 통신, 정보 처리, 화공, 화학, 섬유, 약품, 기자, 방송, 정치, 언론, 교육, 예술, 예능, 디자인, 발명, 화장품, 조명, 사진관, 극장, 안경, 천문 기상, 예식장, 이·미용, 의사, 약사, 항공, 운수 업, 설계, 사업, 스포츠, 피부 미용 » 언론계, 인문계, 의학계, 약학계, 법조계, 이공계, 정신과, 신경외 과, 방사선과, 안과
土 원만 조절 타협 중용 신용	**강점 지능**	» 무엇을 행하든 안정적이고 여유가 있다. » 인간관계도 믿음과 신뢰를 바탕으로 이루어진다고 본다. » 주위 사람들을 편하게 해 주고 적당히 타협할 줄도 알아 안정된 생활을 한다.
	토가 부족	» 토의 기운이 부족한 사람이 토와 연관된 직업을 가지면 정착을 잘 못 한다. » 다른 것에 대한 호기심 때문에 자신이 하고 있는 현재의 일에 충 실하지 못하다. » 마음의 여유가 있어 행하기보다는 행하면서 안정을 찾게 되니 점 진적으로 자신의 직업에 만족을 하게 된다.

	강점 직업	» 군인, 교도관, 부동산, 소개업, 농산물, 토목, 건축, 종교, 철학, 예술, 사찰, 조경, 원예, 축산, 낙농, 공예, 임업, 토목, 골동품, 공원묘지, 정육점, 금융, 증권, 무역업, 유통, 독서실, 지압사, 고전품, 스포츠 » 이공계, 실업계, 농공계, 자연계, 내과, 피부과, 소아청소년과, 한의학
金 단호 의지 수렴 결실 분석 비판	강점 지능	» 합리적인 사고를 하며 베풀 때와 챙길 때를 구분한다. » 이해득실을 잘 따지기 때문에 손해를 보지 않고 적당하게 처신 또한 잘한다. » 현실적인 감각이 뛰어나 무모하게 행동하지 않는다. » 주고받는 관계가 명확해 같은 실수를 반복하지 않는다.
	금이 부족	» 금의 기운이 부족한 사람이 금과 연관된 직업을 가지면 마무리가 약해 결실이 없으니 노력만큼 이루어지지 않는다. » 행할수록 불만과 스트레스만 쌓여 갈 뿐이다. 순간의 만족보다 장기적인 안목으로 직업을 선택하는 신중함이 필요하다.
	강점 직업	» 정치가, 법관, 공무원, 의사, 금융업, 경호, 경비, 경찰, 기계, 선박, 중장비, 자동차 정비, 요리사, 운수업, 과학, 철물, 금은보석, 도축업, 철도, 항공, 모터사이클, 군인, 피부 미용, 세무, 경찰, 공직 » 이공계, 재·정계, 의약계, 인문계, 자연계, 외과, 성형외과, 정형외과, 피부과, 치과, 이비인후과

水 지혜 저장 휴식 인내 연구	강점 지능	» 모든 것이 원만하게 흘러가기 때문에 주변 관계가 부드럽다. » 이해심이 많고 사교성도 좋은 편이다. » 감정 조절이 좋고 환경에 대한 대처 능력도 적절해 분위기 메이커의 역할을 하게 된다. » 이성 간에도 적당한 관계를 유지할 줄 알아 큰 무리 없이 원만한 관계를 유지한다.
	수가 부족	» 수의 기운이 부족한 사람이 수와 연관된 직업을 가지면 부드러운 흐름이 없기 때문에 딱딱하며 막힘이 많다. » 인간관계에서 처세술이 부족하고 사교성이 적다. » 자신을 숨기는 일에 서툴기 때문에 사회생활에 적응하는 것도 다른 사람들에 비해 힘들다고 판단된다.
	강점 직업	» 의사, 약사, 법관, 교육, 금융, 경제, 보험, 무역, 관광 경영, 유통, 호텔, 숙박, 목욕탕, 냉동업, 수산물, 해운업, 유흥업, 양조장, 정수기, 양어장, 해군, 요식업, 유통업, 서비스업 » 상업계, 법조계, 의학계, 교육계, 경상계, 산부인과, 비뇨기과, 임상 병리학

육친별 用神에 따른 명리적성

구분	성격
정인 용신	◆ 장점: **모범적, 수용적, 안정적, 전통적, 벗어나지 않는** » **정인이 용신인 사람은 상당히 총명하고 모범적이고 착실하며 상식적이고 편파적이지 않다.** » 정인은 사회적으로 보면 연구하고 남을 가르치는 역할에 해당한다. » 반면 식상과 재성이 많아서 **정인이 용신**인 경우에는 조직 생활에 대한 만족도가 떨어지고 직업이 바뀌는 경우가 많다. » 정인이 용신이면 안정과 명예를 중시한다. » 교육, 학원업, 의료, 언론, 출판, 도서, 잡지, 작가, 창작, 출판, 서점, 통역, 번역, 신문, 잡지 » 話術(화술)을 이용한 다양한 직업 » 지식을 이용한 다양한 직업
편인 용신	◆ 장점: **직관력, 순발력, 추리력, 초현실적, 예술력** » 편인은 활달하고 재치가 있고 인기가 있으며, 다재다능하고 머리 회전 능력이 있다. » 학문이나 기술 방면에서 뛰어나다. » 집념이 대단하다. 정인은 일반적인 전문직이지만, **편인은 특수 전문직**에 해당하여 대체로 대중에게 서비스를 하고 인기를 얻는 직업군에 해당한다. » 인성이 用神이면 부모, 조상, 선생으로부터 뭔가를 이어받는 현상이 생긴다. » 학문을 바탕으로 하는 각종 직업이 좋다. » 의사, 약사, 한의사, 침술사, 민간요법사, 고고학, 고전학 » 철학, 문필가, 예술가, 토속 신앙, 전통 종교, 역술가, 심리 상담

비견 용신	◆ 장점: **독창성, 협동성, 열정, 의리가 있는** » 비견이 용신인 사람은 솔직, 담백하며 비계산적이다. » 독립적이며 자기중심적인 성향이 강하다. » 비견이 용신이면 자존심과 독립심이 매우 강하다. » 비겁이 用神인 사람은 비겁운이 오면 자신감이 넘치고 생기 있고 활발하고 독립하거나 동업을 한다. » 매사를 원만하게 타협적으로 해결하려고 한다. » 원만한 인간관계 유지, 주변의 도움을 받아 돈과 명예를 얻게 된다. » 사업가는 주변의 도움으로 승진하거나 독립하여 사업을 하게 된다. » 남자는 친구, 선후배, 형제의 도움, 여자는 형제, 자매, 시댁의 도움을 받아서 일을 할 수 있다. » 소규모 자영업 분야 » 지식 기반의 각종 기획, 연구 분야 » 다양한 프랜차이즈 사업 » 합작 회사, 동업, 프리랜서, 의사, 변호사, 기자, 대리점, 스포츠, 창작
겁재 용신	◆ 장점: **적극적, 도전적인 정신, 경쟁의식이 강한, 독립적** » 겁재가 용신인 사람은 신용과 의리를 중시하고 계산적이고 물욕이 강하며 남을 믿지 않으니 독립적 자영업이 좋다. » 겁재는 성취욕과 자존심이 강하며 독립적이어서 혼자 행동하기를 좋아한다. 그래서 안정된 직업보다는 모험이나 투기와 관련된 직업에 종사하는 자가 많다. » 겁재를 용신으로 하는 사람은 한번 운이 트이면 매우 크게 일어나지만 한번 망하면 완전히 망하기도 한다. » 겁재가 용신인 경우 동업은 하지 않는 것이 좋다. 재물을 두고 다툼이 일어날 수 있기 때문이다.

겁재 용신	» 재물 관련 자영업, 유사 금융업 » 음식점, 유흥 주점, 식음료 계통, 기타 소규모 자영업 » 자격증을 이용한 자영업, 부동산 중개업 » 전문 기술자, 군인, 경찰, 발명, 폭파 기술자, 혼자 하는 상업, 자유업, 스포츠, 유흥업, 건물 관리, 경비
식신 용신	◆ 장점: **이해와 연구 능력, 미래 지향적인 사고 능력, 헌신** » 식신이 용신인 사람은 지적이며 정신적인 활동을 좋아한다. » 상당히 재주가 좋고 재능이 있다. » 활동적이고 남에게 베푸는 것을 좋아한다. 자신이 속한 집단에서 두각을 나타내고 그 집단의 리더가 된다. » 사람을 좋아하고 베푸는 성정이라 언변술을 활용한 직업이면 좋다. » 언어가 발달된 사람이라 상담을 해도 사람에게 위로를 줄 수 있다. » 식신이 용신인 남자는 복이 있고 여자는 살림도 잘하고 음식도 잘하며 주변과 화합한다. » 지식 산업, 언론, 출판, 교육, 문화 사업, 교사, 강사 » 연구 분야, 기획 분야, 기술 계통 » 지식 기반 서비스업, 의료, 교육, 세무, 회계, 의사 » 자신을 수련하는 종교 계통 » 의식주와 관련된 사업도 좋다. » 식료품, 음식점, 커피숍, 건축업, 부동산, 중개업, 일반 상업, 금융업, 도·소매업, 일반 회사원, 교육 연구원, 서비스업, 제조, 생산, 사회복지사

상관 용신	◆ 장점: **표현력, 예술적인 능력과 독창성, 아이디어** » **상관이 용신인 사람은 언변이 좋고 임기응변이 뛰어나서 언변술을 활용한 직업**이 좋다. » 특이한 재주가 있으며, 톡 튀는 스타일이다. 　동적이며 발산력이 강하여 대인 지향적 업종이 좋다. » 상관은 창조적이고 미적인 감각이 뛰어나다. 　천재성을 발휘할 때도 있다. » 창조적인 방면의 업무나 **분석, 비평, 전문적인 직업**이 좋다.

상관 용신	» 대중 예술, 스포츠 분야, 배우, 가수, 모델, 운동선수 » 예능적 소질을 발휘하는 직업, 디자인, 이·미용 계통 » 변호사, 변리사, 언론인, 대중 정치인 » 각종 영업직, 강사 » 과학자, 발명가, 중개업 » 대중을 상대로 한 각종 자영업

정재 용신	◆ 장점: **계산력, 논리력, 바른 재물, 편법을 부리지 않는** » 정재는 바른 재물이다. **안정된 생활을 위주로 한 고정 소득이나 월급이 나오는 직업**이 좋다. » 정재는 편법을 부리지 않고 정직하고 성실하게 일한 대가로 돈을 벌며 돈을 불리기 위해 투기나 모험을 하지 않는다. » 부당한 재물을 탐내지도 않는다. » 성실하게 일해서 결과를 내는 스타일이며 편재처럼 큰 욕심이 없다.

정재 용신	» 금융 관련 직장이나 자영업, 세무, 회계, 무역, 상업, 공업, 제조, 부동산, 건축, 도매 » 노력한 만큼의 안정적 수입이 나오는 직장이나 자영업, 일반 회사원

편재 용신	◆ 장점: **수리력, 가치 판단력, 기회 포착력, 스케일이 큰** » 편재가 용신인 사람은 현실적, 물질적이라 **투기적 업종**이 좋다. » 돈을 모으고 불리는 데 아이디어가 넘치며 돈이 잘 따라붙기도 하고 잘 나가기도 한다. » 따라서 **직장 생활보다는 자기 사업**을 하는 경우가 많으며 직장을 다녀도 자금의 흐름과 관련된 일을 하는 것이 좋다. » 편재는 기본적으로 현실적이며 재물에 대한 집착과 사업적 기질이 강하고 승부욕이 강하다. » 현실성이 없는 명예직이나 직업적 활동에는 관심이 없고 실질적인 실리가 있는 직업에만 관심이 있다. » 재복이 있고 풍류 기질이 있어서 큰돈을 벌 수도 있지만 굴곡이 있을 수 있다. » **잘 벌고 잘 쓰는 사업의 귀재**이다. » 무역업, 유통업, 금융업, 광고, 증권, 홍보 대행업, 중개업, 부동산 투자 사업, 유통업, 여행업, 개인 사업, 각종 투자 사업, 특기나 소질을 살릴 수 있는 사업 » 벤처업, 각종 투기사업, 큰돈이 되는 것이면 무엇이든지 한다.
정관 용신	◆ 장점: **도덕, 공공성, 규범적인 능력, 바른, 안정적** » 정관이 용신인 사람은 **합리적이며 안정적인 것을 원하여 조직에 안주하는 직업**이 좋다. » 아주 정확한 인격자이며 흠잡을 데가 없는 사람이다. » 관은 공직을 말하고 특히 정관은 일반 행정이다. 정관용신의 일간은 일반적으로 합리적이며 안정적이고 여유가 있다. » **정년이 보장된 일반 행정이나 교육 공무원** 등을 좋아한다. » 도덕적이고 바른 사람이기 때문에 세무 관련 업무를 해도 비리를 저지르지 않는다. » 행정, 교육, 세무 관련 공무원, 판사, 은행, 증권, 금융업, 회사원 » 안정적 소득이 보장되는 자영업

편관 용신	◆ 장점: **과감한 행동력, 신속한 결정력, 리더십, 권력** » 편관이 용신인 사람은 소신과 원칙, 결단성과 승부욕이 강하며 통제된 직업이 　좋다. » 민첩하고 자신감이 강하고 우두머리 기질이 있고 머리가 잘 돌아가고 권모술수 　를 쓸 수 있다. » 정관이 문관이라면 편관은 무관이며 권력과 깊은 관계가 있다. » 원칙과 소신이 분명하고, 판단력과 결단성이 뛰어나다. 　조직에 대한 자부심도 대단하다. » 편관이 수화가 안 맞고 편중되면 관의 역할을 하는 것이 아니라 七殺의 역할을 　할 수도 있어서 조직폭력배나 깡패가 될 수도 있으니 조심해야 한다. » 기능직 공무원, 군인, 경찰, 검찰, 살생대권직 » 감사, 검수직, 의술 계통, 첨단 기술 분야

—— MEMO ——

格에 따른 명리적성

격에 관한 설명은 앞부분 자원오행 파트에서 기술하였으니 참조하기 바란다.

格	직업
정인격	» 정인은 글과 학문을 말한다. 인문, 사회, 행정 등 전통적인 학문을 좋아한다. 정인격은 석·박사 학위까지 취득하는 게 좋다. » 자격증을 가지고 하는 직업, 사람들을 좋아하는 직업, 연구하는 직업 등이 알맞다. » 정인격에 정관이 있으면 고위직 공무원이 될 수 있다. » 너무 원칙적으로 일을 처리하다 보니 융통성이 부족하다. » 정인격은 학문, 기술, 자격증 공부를 해야 하는데, 재물을 탐하다 인성이 파괴되는 경우가 있다. 실력을 쌓아 돈과 재물이 저절로 오게 해야 한다. » 학문, 공부, 학위, 자격증을 활용하는 직업이 좋다. » 교육 계통, 교수, 교수, 강사, 상담가, 연구원, 육영 사업, 종교인, 학자, 학원 경영, 교습소, 과외 선생, 공무원 » 예술, 정인격 + 관성이 뚜렷하면 공무원, 기술과 자격증으로 하는 일이 유리하다.
편인격	» 편인은 독창적이고 창의적인 사고를 한다. » 4차 산업 관련 직업, 연구하는 직업, 자격증을 바탕으로 한 직장, 자영업, 지적·정신적 활동을 하는 조직 생활, 직업이 알맞다. » 융통성의 달인이다. 편인 + 상관은 두뇌가 총명하고 초능력, 초감각, 도에 능통한 사람이다. » 편인, 정인은 정신적인 인식, 사고 지능, 눈치가 빠르고 기회 포착력, 호기심, 연구 개발, 아이디어, 투잡, 신비주의, 철학적, 종교적, 수행자(편인 + 상관은 道에 능통)의 특성이 있다.

편인격	» 작가, 평론가, 자유업, 유흥업, 연예인, 예술가, 체육인, 기술자, 건축가, 토목, 부동산, 발명가 등의 직업에 성공률이 높다. » 편인이 많으면 고독하기 때문에 사교적인 직업은 좋지 않다. » 정인이 취미와 직업을 병행한다면, 편인은 직업과 취미가 다르다. » 의사, 한의사, 약사, 구류술업, 연예인, 요리(편인 + 상관), 미용, 숙박업
건록격	» 건록은 록을 받는 명이므로 행정직 계통, 나라에서 월급을 받는 직업이 좋다. » 건록격은 정관의 성격이 강하므로 원리 원칙을 중시하고, 정직하고 성실하여 누구에게나 인정받는다. » 건록격이 돈과 여자 등 재성을 탐하면 큰 문제가 생기며 뇌물 수수와 관재구설 수 등으로 개인적인 치부가 드러나서 한순간에 나락으로 떨어진다. » 관직이나 공직자가 제일 많다. » 건록격은 자신의 주체성을 살릴 수 있는, 자격증을 가지고 하는 전문직이 적합하다. » 의사, 변호사, 회계사, 세무사, 관세사 등이 이에 해당한다. » 강인한 신체와 강한 의지력을 바탕으로 하는 경쟁 직업인 운동선수, 경호원, 직업 군인, 경찰관 등도 적합하다. » 비견이 너무 많으면 재물을 나타내는 편재를 극하기 때문에 독립 사업은 불가능하다. 식신과 상관이 있으면 관계없다.
양인격	» 양인은 칼을 다루는 사람이란 뜻이다. 칼을 차고 태어났다는 의미다. » 양인격은 돈 욕심을 내면 안 된다. 전생의 업이 크기 때문이다. » 좋은 스승을 만나면 크게 성공할 수 있다. 사이비를 만나면 나락으로 떨어진다. » 어려서 골목대장 출신이었거나 조직의 수장 노릇을 하는 경우가 많다. » 여자가 괴백양이 있거나 양인격이면 망한 집도 일으켜 세운다. » 殺氣를 다루는 분야에 진출하면 유리하다(의사, 검·경찰, 활인업).

양인격	» 직업은 생살권을 가지고 있는 의사, 약사, 군인, 경찰, 수사, 정보, 법조, 신문 방송, 체육, 미용사, 재단사, 철공소, 요식업, 정육점 등이 적합하다. 동업은 권장하지 않는다. » 언변술로 사람을 이롭게 하는 활인업을 하면 좋다.
식신격	» 식신격은 대체로 침착하고 여유로우며 선량하다. » 식신은 행위, 물건, 상품, 기술력, 전문성 등을 의미한다. » 지적, 정신적 활동을 하는 직장이나 언변이 좋아서 개인 사업도 잘 맞는다. » 식신격이 중화되면 인후지덕, 배려심, 양보심, 희생정신, 봉사 정신이 있고 낙천적, 탐구심, 표현력이 있으며 대인 관계가 좋다.
	» 식신격은 어떤 직업도 어울린다. 사업도 잘 맞는다. 만능 엔터테이너이다. » 교육, 강사, 교사, 교수, 상담사, 예술, 경제, 작가, 외교, 통·번역, 방송, 언론, 미디어, 요식업(먹는장사에 최고) 육영 사업(요양원, 복지관, 유치원, 어린이집), 카피라이터, 발명, 연구, 개발이 맞는다.
상관격	» 상관은 식신보다 더 재능이 뛰어난 경우가 많다. 상관은 기발하고 엉뚱하고 획기적인 재능이 많아 연애, 오락, 제조, 공학, 의학, 정치, 사회, 경제 등 모든 분야에서 두각을 나타내는 경우가 많다. » 정관을 극하기 때문에 문제점이 있다. 정관을 극하기 때문에 제도와 규율 등 일정한 틀 속에 구속된 직장은 맞지 않는다. » 다양한 분야의 프리랜서나 자율성이 보장되는 일반 조직은 가능하다. » 상관격에 재성이 있으면 돈을 벌고, 재성이 없으면 재주는 많아도 가난하다. » 상관격은 재개발이나 망한 가게, 헌 집을 구입하면 흥하고 잘되는 경우가 많다. » 상관격은 독특한 생각과 아이디어가 많아서 4차 산업혁명 시대에는 상관과 편인이 1개 정도씩은 있는 게 좋다.

상관격	» 교육, 언론, 출판, 예술, 역술, 종교, 교사, 강사, 법조인(언변술 활용), 작가, 육영 사업, 발명, 연구, 기획, 참모, 설계사, 회계사, 세무사, 기술직, 스포츠, 가수, 중개업, 경제 부채, 연예인, 구술업, 고물상, 특수 사업(자격증, 노하우), 사주 + 진로적성, 골동품, 전당포, 재개발, 재건축, 망한 가게, 헌 집 경매 » 상관이 없는 신왕한 사주가 상관격과 동업하면 성공한다.
정재격	» 정재는 안정된 재물 유통이나 수입을 뜻한다. 무리한 투자나 사업 확장보다는 안정되고 확실한 사업에 투자한다. 그러므로 자영업을 하는 경우에는 유행이나 경기에 민감하지 않은 유망 업종을 선택하여 공급자 중심의 일을 하는 것이 알맞다. » 정재격인 사람은 안정된 성장기를 거쳐 일찍 직업을 갖는 경우가 많으며 변화와 변동이 적은 직장에 알맞다. » 계획적이고 체계적인 일, 성실성이 요구되는 일, 계산적인 일, 합리적인 일이 적합하다. » 금융업, 회사원, 공무원, 교사, 교수, 고정적인 월급을 받는 일, 경제학 교수, 경영학 교수 » 재정, 경리, 세무, 회계, 관리직, 공업, 건축 자재업, 창고 관리업, 운수업, 도·소매업, 등 상업적인 직업이 적절하고 이런 업종에서 성공률이 높다.
편재격	» 편재가 적절하게 잘 구성된 사주는 재물복, 여자복, 아버지복을 타고난 사람으로 본다. » 편재격은 현실적이고, 실제적인 직업, 투기성이 있는 직업, 뛰어난 판단력을 요구하는 직업이 좋다. » 신왕하고 편재가 왕성한 사람은 자기 사업을 하거나 금융업에 진출하면 좋다. » 정재가 안전하게 한 단계 한 단계 전진해 나가는 방식을 추구한다면 편재는 한 방에 결과물을 만들어 내려는 심리를 갖고 있다. » 주변에 모든 동원 가능한 여력을 끌어들여 활용 가치를 높이기 위한 수단 방법을 가리지 않고 더 높고, 더 좋은 결과물을 창출해 내려 노력한다.

편재격	» 편재격이 잘 구성되면 금융 관련 직장이나 재무 관련 자격증을 이용한 개인 사업이 알맞다. 정재격이 안정적인 월급쟁이에 큰 욕심이 없는 반면 편재격은 스케일이 크다. » 사업가, 연예인, 교사, 경영학 교수, 경제학 교수, 회계사, 변리사, 경제 부처 공무원, 은행원, 보험, 증권, 감정 평가, 자산 관리, 유흥업, 요식업, 자영업 » 경제계, 영웅호걸, 전문 경영인, 무역 투자, 금융, 증권, 부동산 중개, 유통, 교통 운송, 정보 통신, 기업 및 국제 변호사, 세무, 회계, 벤처업, 은행권 수장, 각 부처 재정 담당 수장, 각종 투기사업, 큰돈을 버는 모든 사업 » 한 방의 큰돈을 노리기 때문에 투기나 다단계와 같은 일에 빠질 수 있다.
정관격	» 정관은 사회적으로 모든 사람이 인정할 만한 법, 규칙, 도덕, 윤리, 약속 등을 뜻한다. » 정관은 바른 사람의 모습이다. 안정되고 계획된 삶의 모습을 좋아한다. 정년이 보장된 공직에서 일하는 것이 적합하다. 정관이 인성을 만나 관인이 소통하면 고위 공직자로 승진하게 된다. » 공직에 있어도 뇌물 수수를 하거나 편법을 사용하지 않는 사람이다. » 관성이 상관만 있고 인성이 없으면 직급이 낮은 연구직이나 개발 전문직 등에 종사하게 된다. » 정관이 재성과 인성이 함께하면 경제와 재무의 고위 공직자가 많다. » 정관격이 비견, 겁재와 같이 있으면 스포츠, 부동산 회사, 증권사, 투신사, 선거 관련 등 경쟁을 요구하는 조직으로 나아가게 되는 경우가 많다. » 관성과 식상이 있으면 기술 중심의 조직 사회, 제조 회사, 교육 조직, 유통 회사 등으로 나아가게 된다.
	» 행정직 공무원, 고위직 공무원, 정치가, CEO(신왕관왕, 신왕재관왕), 대학자, 정관격이 양인을 보면 법조인(병오, 임자, 무인 등의 일주: 검사, 판사) » 정관격에 식신, 정인이 길신이면 학계에서 명성을 얻는다. 군인, 경찰, 수뇌부, 참모, 기획실

편관격	» 편관은 정관과 달리 일간을 직접 극하는 것으로 강한 역동성을 보이며 기개가 있다. » 편관도 법을 준수하고 사회의 정의를 실현하고자 하는 마음은 정관과 같지만 그 방법에 있어서는 다르다. 정편관이 혼잡되어 있으면 편법을 사용하기도 한다. » 편관은 엄격하고 살벌하며 강제성을 동원하여 사회적 법과 도덕을 지키고자 한다. 위엄이 있고 절도가 있으며 무엇도 두려워하지 않는 용기가 있으며 의협심과 모험심도 강하다. » 편관이 신왕하고 양인과 같이 있으면 공직, 군인, 경찰 등에 적합하다. 관살혼 잡이 되면 격이 떨어진다. » 살인상생격은 문장, 종교, 회계, 기업의 고급 임원이나 고위 공직자가 될 가능성이 크다. » 신약하고 편관이 많고, 식상이 없는 경우는 시정잡배나 폭력배가 되기도 한다. 또한 칼을 쓰는 식당도 적당하다. » 편관이 戊土나 辰土이고 사주 원국에 辰戌沖이 있으면 5급 이상의 고위 공직자가 될 가능성이 크고 큰 그릇이다.
	» 살생대권직, 군인, 경찰, 검찰, 교도관, 운동선수, 법조인, 정치가, 고위직 공무원, CEO, 보스, 별정직 공무원(특수직 공무원), 운송업, 매니저 감독, 무도장, 학원 강사 » 로비스트, 중개업, 판매원, 디자이너, 할인업, 미용사, 요리사, 예술가, 공예, 조각, 의사, 약사, 기자, 언론, 방송, 종교인 » 택배업, 운전업(대형 트럭 구매 후 법인 등록하여 사업을 크게 해도 됨), 학원 운영도 가능하다. » 정관격은 자영업을 권하지 않는다. 융통성이 부족하다.

행복의 기준

젊은 날의 나는 줄곧 목표를 지향하며 살아왔다. 매일의 목표를 세웠다. 한 달, 1년의 목표를 노트에 빼곡하게 적고 달성한 것은 지워 나갔다. 한 치의 여유도 부릴 수 없을 정도로 과도한 분량을 적고 실천에 옮겼다. 그러나 사람의 일은 생각하는 대로 흘러가지 않는다. 예상하지 못했던 일이 비일비재하게 일어나는 것이 세상사이다.

과도한 목표는 성취의 기쁨보다는 아쉬움을 남기는 경우가 많았다. 달성하지 못한 것에 집착하여 자책하는 것이 일상이었다. 그러니 행복감과 충만함이라는 감정을 잘 느끼지 못하게 되었던 것 같다.

앞만 보며 마음의 여유마저도 통제하고자 했던 각박한 청춘.

스스로를 틀에 끼워 넣으며 왜 그렇게 살아야만 했을까?

세상에 기댈 곳 없이 혼자서 살아 내야 한다는 강박증 때문이었던 것 같다. 젊은 시절 연애 한번 제대로 못 했다. 늘 과제에 불탔기에 연애라는 호사스러운(?) 감정에 시간을 내어 주지 못했다.

물론 큰 결실도 있다. 지금의 결과는 그 노력의 결과이다. 얻는 것이 있으면 잃는 것도 있는 것이 세상사 이치다. 지난날 열심히 잘 살아왔다고 생각하면서도 못내 아쉬움이 남는 건, 어린 시절과 청춘 시절의 나를 어루만져 주지 못하고 채찍만 했다는 점이다.

얼마 전 TV에서 사회적으로 큰 성공을 이룬 여성이 출연한 프로그램을 보았다. 그러나 어머니로서의 삶은 쓸쓸했다. 그녀의 사회적 성취, 지위와는 달리 정작 그의 자녀는 어머니에 대한 그리움과 애정 결핍을 안고 자랐다고 했다.

사회적 성공과 행복한 가정, 두 마리 토끼를 다 잡기는 쉽지 않은 일이다. 두 마리 토끼를 잡고자 고단한 워킹맘의 생활을 오랜 세월 해 온 나로서는 그녀의 쓸쓸함이 남의 일 같지 않았다.

하지만 너무 늦은 때란 없다. 과거를 거울삼아 수정하고 다시 시작하면 된다. 결과 지향적인 삶이 아니라, 가치 지향적인 삶으로의 방향 전환이 절실한 나이가 되었다. 어린 시절의 나도 어루만져 주면서 여유를 가지고 살아야겠다. 목표를 정하고 목표를 이루면 행복이라 여겼던 행복의 기준도 이제는 수정해야 하는 시간이다. 미력이나마 사회에 기여하며, 어떤 노년을 엮어 나갈까를 고민해야 하는 시간이다.

남은 삶을 멋지게 살기 위한 가치와 목표는 젊은 시절의 그것들과는 달라져야 한다.

- 남은 내 인생의 가치를 고민하며 -

신생아 작명과 이름 성형

7장

I. 신생아 작명

신생아 작명 시 파악해야 하는 정보

1 사주를 분석하기 위하여 생년월일(음, 양 구분), 성별, 태어난 時를 정확하게 알아야
   한다.

2 부모, 형제의 성씨와 이름, 가까운 친척의 이름(사촌 정도)을 파악해야 한다.
   첫째인지 둘째인지 구분해야 한다.

3 가문에 항렬자, 돌림자가 있는지 파악한다.

4 부모의 직업과 부모가 원하는 자녀의 직업을 파악한다.
   사주를 보고 명리적성에 맞는 이름을 지어 주면 좋다[강점 지능, 용신, 격(格)].

5 원하는 이름이 있는지, 어떤 이름이었으면 하는지 의향을 물어본다.
   여성(남성)스러운 이름을 원하는지, 중성적인 이름을 원하는지, 요즘 유행하는 이
   름을 원하는지, 외자 이름을 원하는지 의향을 충분히 나눈 다음 작명 작업을 시작
   한다.

02 신생아 작명 순서

순서	방법	풀이
1	사주를 분석한다.	» 사주의 음양오행을 분석한다. » 용신과 부족한 오행, 고립 오행 등 필요 오행을 찾는다. » 신생아일 경우 부모가 적성과 직업을 중시하면 부모의 직업과 진로적성, 강점 지능, **格**을 파악하여 작명한다.
2	발음오행을 선택한다.	» 사주 분석 후 상생이 되도록 발음오행을 정한다. » 성은 고정되어 있기 때문에 오행의 상생이 다양하지는 않다. 예) 성이 木인 경우 표 아래 참조 » 일반인은 작명학의 이론을 모르기 때문에 성에 따라 상생으로 지으려면 이런 초성 자음이 나온다는 설명을 해야 납득을 한다. **목:** ㄱ, ㅋ **화:** ㄴ, ㄷ, ㄹ, ㅌ **토:** ㅇ, ㅎ **금:** ㅅ, ㅈ, ㅊ **수:** ㅁ, ㅂ, ㅍ
3	발음오행을 선택했으면 10개 정도의 이름을 작성한다. **(발음오행)**	» 10개 정도의 이름을 두고 본인(개명)이나 부모가 1~2개 정도를 선택할 수 있도록 한다. » 가능하면 발음이 딱딱하지 않고 부드러운 울림소리가 되도록 한다. **(받침: ㄴ, ㄹ, ㅇ, ㅁ)** » 평생 사용하는 이름이니 나이 들어서도 어색하지 않도록 선택해야 한다. » 친척들 사이에 중복되는 이름이 없는지 파악한다.

예) 성이 木인 경우

木 성(姓)	木木水	木木火	木水木	木水水
	木火木	木火火	木火土	木水金

4	한자를 여러 개 선정하고 자원오행과 음양 관계를 살펴 선택한다. **(음양오행, 자원오행)**	» 가장 중요한 부분이다. 발음오행으로 상생된 이름에서 자원을 어떤 오행으로 선택할지 고심해야 한다. 이 부분 때문에 명리를 배운 사람이 작명을 해야 한다는 것이다. » 자원오행(목, 화, 토, 금, 수를 먼저)을 선택하고 오행에 맞는 한자를 선택한다. » 한자를 선택할 때 음양을 맞춘다. » 음양이 고루 배열되어야 한다. 陽만 배열되거나 陰만 배열되지 않도록 한다. 조화를 이루어야 한다.

		예) 3, 5, 7 (양 양 양: X) 4, 10, 16 (음 음 음: X)
		  3, 8, 10 (양 음 음: O) 7, 9, 10 (양 양 음: O)
		  음양의 고른 배열 사용
		» 불용 한자나 항렬, 장남과 장녀, 차남과 차녀인지 파악한다.
		 – 장남과 차녀에게 사용해서는 안 되는 한자가 있다.
		 – 동자이음어의 사용을 자제한다.
		 – 성명의 3글자가 모두 분파되지 않도록 한다.
		  (1~2개는 괜찮다.)

		» 한자는 반드시 대법원에서 시행한 인명용 한자에서 선택해야 한다**(8,319자 2022. 2. 14. 기준)**. – 인명용 한자를 사용하지 않는 경우는 출생신고가 안 된다. 단, 성은 인명용이 아니어도 된다. – 인명 한자는 필획법이 아닌 원획법이라는 것을 사전에 알려 주어야 나중에 혼동이 없다. » 인명 한자라 하더라도 이름에 사용해선 안 되는 한자가 있음을 유의해야 한다. » 발음오행과 자원오행이 사주에 필요한 오행으로 맞춰지지 않을 경우는 발음오행은 상생을 시키고 자원오행은 사주에 필요한 오행을 맞춘다. » 자원오행은 상생보다 필요한 오행으로 보완한다.

5	수리오행을 선택한다. (수리오행, 원형이정)	» 81수리격과 원형이정에 맞춰 길한 수리오행이 나오도록 한다. » 길한 수리가 나올 때까지 자원오행을 변경해 보며 길한 원 형이정이 나오도록 해야 한다. » 원형이정을 맞출 때 5장 수리오행과 수리4격 파트에서 성 씨 획수별 좋은 수리 배열을 참조하여 한자를 찾으면 용이 하다. » 길한 수가 잘 나오지 않는다고 중간에 흉수가 들어가게 배 열하면 안 된다. » 발음오행을 변경해서라도 끝까지 길수가 나올 수 있도록 노력하는 것이 작명사의 사명이다.
6	완성된 이름의 뜻이 좋아야 한다.	» 이름의 뜻이 좋아야 하므로 한자의 여러 가지 뜻 중 좋은 뜻을 선택하여 의미 부여를 한다. » 자원오행의 오행이 맞는다고 하더라도 의미가 안 좋은 한 자가 있으니 의미 고려를 반드시 해야 한다.
7	철저히 검토한다.	» 위의 사항을 다 고려하여 작명한 후 평생을 사용할 이름이 니 철저하게 검토해야 한다. » 불용 한자, 발음상의 문제, 흉한 글자, 집안 서열, 분파, 인생 전반에 어울리는 이름인지 다시 한번 검토한다.
8	작명서를 작성한다.	» 작명서에 작명에 관한 사항을 전체적으로 설명하고 건강 과 행복을 기원해 준다.

03 신생아 작명 후 출생신고

1 출생신고는 출생 사실을 호적에 기재하기 위해 관청에 알리는 일을 말하며 사람의 **출생 사실을 사실 그대로 신고하는 행위이자, 보고(報告)의 의미를 지닌 절차**이다.

2 태어난 지 1개월 이내에 태어난 자의 본적지 또는 신고자의 거주 구청이나 행정 복지센터에 신고해야 하며, **기간이 지나면 신고 의무자에게 과태료가 부과**된다.

(1개월이 지난 후 1주 미만이면 1만 원, 1개월 미만이면 2만 원, 3개월 미만이면 3만 원, 6개월 미만은 4만 원, 6개월 이상일 때는 5만 원)

3 출생신고 준비물

 (1) 한자 성명을 포함한 아기의 이름

 (2) 신고자의 신분을 증명할 수 있는 신분증

 (3) 산부인과에서 발급받은 출생증명서(병원에서 발급)

 (4) 구청, 동 행정복지센터에서 지급하는 출생신고서

4 온라인 출생신고 방법

출생신고는 행정복지센터나 구청을 방문해서 하는 방법도 있지만 온라인으로 할 수도 있다. 온라인 출생신고는 대법원 가족관계 등록 시스템에서 신고서를 작성하여 준비 서류와 함께 제출하면 된다.

5 **대법원 인명용 한자 8,319자**(2022. 2. 14. 기준) 내에서 신고를 해야 한다.

6 한글과 한자가 혼합되면 접수를 받지 않는다.

7 출생신고서는 구청이나 행정복지센터에 비치되어 있는 행정 양식에 기재한다.

8 신고서는 2부를 작성, 제출하며 도장 또는 서명을 해야 한다.

9 출생신고서에는 의사, 조산사, 기타 출산에 관여한 사람의 출생증명서를 첨부한다.

10 의사나 조산사가 작성하는 출생증명서는 의료법 시행 규칙에서 규정하는 서식이나 보건복지부가 정한 양식에 의하여 작성하여야 한다.

04 대법원 출생신고 고지 사항

1 출생자의 이름을 한자로 기재하는 때에는 법률 제44조 제3항에 따라 가족관계의 등록 등에 관한 규칙 제37조 제1항이 정하는 인명용 한자를 사용하여야 한다. **[인명용 한자 8,319자** (2022. 2. 14. 기준)**]**

2 출생자에 대한 부(父)와 모(母)의 가족관계증명서에 드러나는 사람과 동일한 이름을 기재한 출생신고는 이름을 특정하기 곤란한 것으로 이를 수리하여서는 안 된다.

3 이름은 그 사람을 특정해 주는 공식적인 호칭으로, 다른 사람과의 관계에서도 상당한 이해관계를 갖게 되므로 이름자가 5자(성은 포함되지 아니함)를 초과하는 문자를 기재한 출생신고는 이를 수리하여서는 안 된다.

--- MEMO ---

Ⅱ. 지금은 이름 성형(개명) 시대

01 쉬워진 개명, 지금은 이름 성형 시대

예전에는 아주 불가피한 경우가 아니면 개명을 하지 않았고 허가도 쉽지 않았다.

하지만 요즘은 예전과 달리 개명에 대한 인식이 부정적이지도 않고 많은 사람이 적극적으로 개명을 한다. 이 책의 부제를 **지금은 이름 성형 시대**라고 명명한 이유는 이름이 마음에 들지 않으면 맘에 들도록 이쁘게 성형할 수 있다는 의미이다.

MZ 세대들은 핸드폰을 통하여 작명 앱에 들어가 쉽게 자신의 이름을 해명해 볼 수 있다. 그리고 이름 때문에 놀림을 받거나 이름이 조금만 촌스러워도, 주저 없이 개명을 생각한다. 요즘은 40~60대도 부모가 지어 준 이름이라며 개명을 꺼리지 않는다. 주변에서 보면 그 나이대의 문화와 상이한 이름을 사용하고 있는 사람은 개명을 했다고 스스럼없이 밝힌다. 개명을 부끄러워하는 기색이 없고 오히려 이름이 맘에 들지 않으면서 참고 사는 사람이 답답하다고 말한다.

40~60대는 이름이 촌스럽다고 생각해서 개명을 하기도 하지만 하는 일이 잘 풀리지 않는다든가 뭔가 지금까지의 인생을 리셋하고 새롭게 살아 보겠다고 다짐하는 경우 개명을 선택하기도 한다. 일단 어떤 경로를 통해서든 자신의 이름이 나쁘다는 이야기를 들으면 적극적으로 개명 의사를 밝힌다.

그런 이유로 필자도 신생아 작명보다 오히려 **개명하는 고객이 더 많아 '지금은 개명 시대구나.' 하는 생각**을 하게 된 것이고 **무겁지 않고 가볍게 생각하라는 의미에서 이름 성형**이라 한 것이다.

02 이름 성형의 방법

이름을 성형하는 방법에는 두 가지가 있다.

첫째, 이름을 완전히 새롭게 성형하는 전신 성형 방법이다.
어떤 사람은 발음오행의 상생과 관계없이 이름 전체를 성형하기를 원한다.
아파트로 생각한다면 재개발, 재건축과 같다. 아예 싹 다 고쳐 새롭게 탄생하고 싶은
것이다. 어떤 경우는 발음오행에서부터 상생도 안 되고 자원오행과 수리오행이 도저
히 나오지 않는 경우가 있다. 이럴 경우는 이름 전체 성형을 권유하기도 한다.

둘째, 한글 이름은 그대로 두고 한자 자원오행과 수리오행을 변경하는 부분 성형이
다. 대부분의 사람이 이름을 지을 때 집안 어른이나 작명을 해 본 사람에게 의뢰한다.
한때는 한글 이름이 유행인 적도 있었으나 지금은 유행이 지나간 듯하다.
이름을 지어 주는 사람들은 대부분 발음오행은 맞게 짓는다.
하지만 자원오행이나 수리격을 맞추지 못한 경우가 대부분이다.
그리고 지금까지 이 이름으로 살아왔으니 **이름은 그대로 두고 한자만 바꿔 달라는 경
우**도 있다. 이 경우는 겉에서 볼 때 이름 성형을 했는지 알 수 없다. 요즘은 한자를 공
식적으로 사용하는 경우가 많지 않기 때문이다. 그래서 개명을 하지 않은 것처럼 보인
다. **아파트로 비유하자면 골격은 그대로 두고 내부 인테리어만 한 것**과 같다.

사실 경험한 바에 의하면 발음오행부터 작명하는 것이 훨씬 용이하다.
주어진 이름의 한도 내에서 자원오행을 찾아 수리를 맞추는 일이 쉽지 않다. 발음이
정해진 상태에서 자원과 수리, 음양이 도저히 안 나오는 경우에는 부득이하게 전체 이
름 성형을 고려해야 한다.

 컴퓨터 작명

　간혹 컴퓨터에 능하고 친숙한 젊은 부모는 컴퓨터 앱을 사용하여 자녀의 작명을 한다. 그리고 다른 앱에 들어가서 해명을 해 보니 이상하게 나온다고 문의를 하는 경우가 있다. 앱이라는 것이 100% 신뢰할 수 있는 것이 아니기 때문에 오류가 있을 수 있다.

　작명이 그리 단순한 것이 아니다. **컴퓨터가 수만 가지 사례가 나오는 사주를 제대로 분석하여 그 사람에게 맞춤인 작명을 하기는 실로 어렵다.** 이름 감정의 핵심은 당사자의 사주를 정확히 분석하여 용신을 정하고 사주가 필요로 하는 오행을 보강하여 작명 되었는지를 판단하는 것이다. 컴퓨터가 다양한 케이스의 사주를 파악하여 처리하기에는 무리가 있다. 그래서 앱마다 다른 해명이 나오는 것이다. **나와 내 자녀의 소중한 이름을 컴퓨터에 맡기고 싶은가?** 아무리 문명이 발달하더라도 감정이 없는 컴퓨터에 소중한 자녀의 이름이나 자신의 이름을 맡기는 오류는 범하지 않기를 바란다.

　이름은 자신의 분신과도 같은 존재이다. 평생을 사용할 이름이니 좀 더 신중하게 명리학과 성명학을 연구한 작명사에게 따뜻한 조언과 도움을 받는 것이 바람직하다.

04　작명서 작성 요령

　작명을 한 사람 중에 제대로 된 작명서를 가지고 있지 않은 사람이 꽤 많다.
　또 이름의 의미는 무엇이며 작명 이론에 대해 자세히 설명을 해 놓은 작명서는 별로 없다.

신생아의 작명을 의뢰할 때 얼마나 고심하며 잘하는 작명가를 찾았겠는가?

내 자녀가 바르고 건강하고 행복한 인생을 살기 바라는 마음 가득 담아 작명을 의뢰했을 것이다. 그 간절한 마음에 보답하기 위하여 작명가는 성심성의껏 **최선을 다하여 작명을 해야 한다. 그래서 필자는 이름의 탄생 배경과 총평까지 꼼꼼하게 작성하여 우편으로 발송한다. 신속을 요구하는 디지털 시대에 굳이 아날로그 방식을 택하는 것은 그 작명서는 대대로 보관해야 할 그런 문건이기 때문이다.**

자녀가 성인이 되어서도 이름이 어디서 어떻게 누구에게 어떤 방식으로 지어졌는지 알고 자부심을 가지고 살아가는 것이 중요하다. 요즘 시대 젊은 사람들이 작명을 대수롭지 않게 생각한다면 아마 무료 앱을 다운받아 작명을 했을 것이다. 전문 작명사에게 작명을 맡기는 것은 인간적인 설명과 따뜻함을 느끼고 싶기 때문이라고 생각한다.

작명서의 양식이 정해져 있는 것은 아니다.

나름대로 양식을 만들면 된다. 자유 양식이긴 하지만 작명서에는 작명할 사람의 생년월일과 사주를 분석하여 왜 이런 이름이 나오게 되었는지 배경 설명이 중요하다.

나중에 어딘가에 가서 사주를 보게 되는 날이 온다면 본인 사주의 특성을 알게 될 것이고 사주의 단점도 알게 될 것이다. 그럴 때 사주의 단점을 성명이 다 보완해 주고 있다면 얼마나 든든하겠는가? 감명을 하다 보면 화(火)가 가득한 사주에 이름에도 화(火)를 넣어 예쁘게만 지어진 이름을 보면 마음이 안타깝다.

작명서에는 사주에 대한 총평을 넣고 그 사주를 어떻게 보완했는지 설명해 주면 좋다. 성명의 발음오행과 음양오행이 어떻게 구성되었는지, 자원오행으로 사주의 구성을 어떻게 보완했는지, 그리고 수리오행과 원형이정의 4격은 길수로 다 맞추었기 때문에 순탄한 인생을 살게 될 것이라는 암시를 주는 것이 필요하다. 전문적인 용어보다는 가급적 일반인들이 쉽게 이해할 수 있는 언어를 사용하는 것을 권한다.

그리고 이름에 대한 멋진 해석을 곁들여 주어야 한다.

인간은 나약한 존재이고 인생은 믿는 대로 흘러가기 때문이다.

05 이름 성형 사례 (이름 전체 성형)

사례 1

작 명 서			
사주 분석	» 子月의 辛丑 일주로 겨울 저녁에 태어나서 사주가 춥고 한습하여 木, 火의 기운이 절실히 필요한 사주라 목화를 넣어 작명하였다. » 사주 8글자 중에 土 오행이 4개여서 과다한 상태인데 한자의 자원오행이 火, 土로 구성된 이름이라 木을 보충하여 土의 기운(목극토)을 약하게 만들면서 따뜻함을 보충하였다(위장, 폐, 간담, 뼈 조심). » 건강상 문제가 발생할 수 있는 추운 사주라 활동성이 약한 점을 고민하여 추진력과 자신감을 가질 수 있도록 개명하였다.		
발음 오행 (한글)	공(木) 현(土) 배(水) (고목낙엽격)		공(木) 태(火) 규(木) (춘산화개격)
	» 한글 발음오행 목극토, 토극수 상극에서 목생화로 상생시켜 火의 기운을 강하게 하였다.		
자원 오행 (한자)	孔(水) 炫(火) 培(土) 빛날현 북돋을 배		孔(水) 太(木) 烓(火) 클 태 불꽃 규
	» 자원오행은 상생보다 필요 오행으로 보완하는 것이 더 중요하다.		
수리 획수 /음양	4획 9획 11획(음양양)		4획 4획 13획(음음양)
	» 음과 양을 고루 배치		
수리 四格	원(초년) 20획 공허격	凶	원(초년) 17획 용진격	吉
	형(중년) 13획 총명격	吉	형(중년) 8획 발달격	吉
	이(말년) 15획 통솔격	吉	이(말년) 17획 용진격	吉
	정(총운) 24획 출세격	吉	정(총운) 21획 자립격	吉
	» 초년운이 흉수에서 四格 모두 길수로 변경하였다.			

216   타고난 운명을 보완하는 작명개운법

작 명 서

사주 분석	» 丑月의 癸未 일주로 木과 金이 없는 사주 명식이었다. 수와 토가 과도한 상태인데 이름에 수와 토가 들어 있어 목과 금의 보완이 필요했다. » 木은 먹을 복과 자식복, 활동성을 나타내며 金은 인성으로 어머니와 학문, 공부, 자격증을 의미하므로 木과 金을 보충하여 오행이 순환, 상생될 수 있도록 하였다. » 겨울생이니 늘 몸을 따뜻하게 하며 丑月生이라 위장병을 조심할 것을 당부했다.		
발음 오행 (한글)	공(木) 효(土) 정(金)		공(木) 도(火) 현(土)
	» 한글 발음오행은 목생화, 화생토 상생으로 변경하였다.		
자원 오행 (한자)	孔(水) 孝(水) 正(土) 효도 효 바를 정		孔(水) 度(木) 現(金) 법 도 나타날 현
	» 자원오행은 상생보다 필요 오행으로 보완하는 것이 더 중요하다.		
수리 획수 /음양	4획 7획 5획(음양양)		4획 9획 12획(음양음)
	» 수리 획수가 변경되었으며 양음양에서 양양음으로 변경하였다.		

수리 四格	원(초년) 12획 유약격	凶	원(초년) 21획 자립격	吉
	형(중년) 11획 갱신격	吉	형(중년) 13획 총명격	吉
	이(말년) 09획 종국격	凶	이(말년) 16획 덕망격	吉
	정(총운) 16획 덕망격	吉	정(총운) 25획 안강격	吉
	» 수리四格이 매우 중요한데 초년운과 중년운이 흉수에서 四格 모두 길수로 변경하였다.			

이름 성형 사례(이름은 그대로 유지하고 부분 성형)

사례 1　발음오행은 유지, 자원오행과 수리오행 보완 사례

사주 분석	» 뜨거운 미월의 을해 일주로 수가 절실한 사주인데 일지인 해수가 고립되어 수가 절실한 사주였다. » 더운 미월생인데 이름의 자원오행이 모두 火여서 보완이 필요한 상태였다. » 이름을 변경하는 것은 원하지 않았다. 하명자인 현이 검을 현이라 꺼렸다. 덕은 사용할 수 있는 한자가 3개밖에 없었는데 모두 화 오행이라 개명하지 않는 이상 火는 불가피한 상황이었다. » 말년운과 총운이 흉수이면서 사용할 수 있는 한자의 한계가 있어 작명하는 데 어려움이 있던 고객이었다. » 오랜 시간을 할애하여 선행 덕, 소리 현으로 자원오행과 수리4격이 완성되었다. 선행이 소리를 낸다는 의미는 선행이 알려지며 성공적인 삶을 산다는 의미로 전달 결과 매우 만족해하며 감사해하였다.			
발음오행 **(한글)**	우(土) 덕(火) 현(土)		우(土) 덕(火) 현(土)	
	» 한글 발음오행은 변함이 없다(화생토).			
자원오행 **(한자)**	禹(土) 悳(火) 玄(火) 선행 덕 하늘 현		禹(土) 德(火) 呟(水) 선행 덕 소리 현	
	» 덕에 해당하는 한자는 단 3개로 모두 자원오행이 火이다.			
수리 획수 /음양	9획 12획 5획(양음양)		9획 15획 8획(양양음)	
	» 수리 획수가 변경되었으며 양음양에서 양양음으로 변경되었다. 음과 양이 고루 섞여 있어 좋은 구성이다.			
수리四格	원(초년) 17획 용진격	吉	원(초년) 23획 혁신격	吉
	형(중년) 21획 자립격	吉	형(중년) 24획 출세격	吉
	이(말년) 14획 이산격	凶	이(말년) 17획 용진격	吉
	정(총운) 26획 만달격	凶	정(총운) 32획 순풍격	吉
	» **수리四格**이 매우 중요한데 말년운과 총운이 흉수에서 **四格** 모두 길수로 변경하였다.			

발음 오행은 유지, 음양오행, 자원오행과 수리오행을 보완

작 명 서

사주 분석	» 사주에 토가 과다하여 건강상으로는 위장의 문제와 육친적으로는 배우자, 직장의 문제가 발생할 수 있는 사주였다. » 목이 없는 사주로 활동성이 부족하고 화 재성이 고립되어 있어 수와 목으로 보충을 하여 활동성을 높이고 토 기운을 약화시켰다. 재성의 고립을 풀어 주고자 수와 목의 자원오행을 사용하였다. » 水를 보완하여 대인 관계 능력과 주체성을 강하게 하였다. 木은 활동성을 나타내며 먹을 복과 자식운을 뜻한다. 木을 강화하여 언변술과 활동성을 강화해 주고 자식복이 있는 이름으로 개명하였다.			
발음오행	우(土) 도(火) 경(木) 일광춘성격		우(土) 도(火) 경(木) 일광춘성격	
	» 한글 발음오행은 상생으로 변함이 없다(목생화, 화생토).			
자원오행	禹(土) 度(木) 京(土) 제도 도 클 경		禹(土) 淘(水) 卿(木) 씻을 도 벼슬 경	
	» 자원오행은 상생보다 필요 오행으로 보완하는 것이 더 중요하다.			
수리 획수 /음양	9획 9획 8획(양양음)		9획 12획 12획(양음음)	
	» 수리 획수가 양양음에서 양음음으로 변경되었다. 음과 양이 고루 섞여 있어야 좋은 구성이다.			
수리四格	원(초년) 17획 용진격	吉	원(초년) 24획 출세격	吉
	형(중년) 18획 발전격	吉	형(중년) 21획 자립격	吉
	이(말년) 17획 용진격	吉	이(말년) 21획 자립격	吉
	정(총운) 26획 만달격	凶	정(총운) 33획 등용격	吉
	» **수리四格**이 매우 중요한데 가장 중요한 총운이 흉수에서 **四格** 모두 길수로 변경하였다.			

사주 분석			
한글			
한자			
발음오행			
자원오행			
음양오행			
획수 (음양 구분)			
수리오행 수리4격	원격: 초년운 (1~20세 전후)		
	형격: 청년운 (21~40세 전후)		
	이격: 중년운 (41~60세 전후)		
	정격: 후반부 (61세 이후)		
이름의 의미			
20○○. ○○. ○○. 정담작명문화원			

상호·아호·예명 및 개명 절차

8장

I. 상호

01 상호 짓기

　명리학을 공부하며 작명에 대한 관심이 생겼을 때 세상을 바라보는 눈이 달라지기 시작했다. 그저 무심히 바라보던 세상이었는데 갑자기 모든 것에 호기심이 생긴 것이다. TV에 이름이 나오면 발음오행부터 살폈고 예쁘고 세련된 이름이면 메모하는 습관이 생겼다. 길거리를 다니면서도 상호를 유심히 살피게 되었고 업종과 상호의 유사성이 있는지 생각하게 되었다.

　그러면서 **'세상에 작명이 아닌 것이 없구나. 내가 작명사가 된다면 정말 할 일이 많이 있겠구나.'** 하는 것을 알게 되었다.

　사업을 시작할 때는 사업자 등록증을 내야 하는데 이때부터 상호가 필요하게 된다. 개인 사업자들이 사업자 등록을 할 때 상호는 중복 사용이 가능하다. 도덕적인 측면에서의 통제일 뿐이다. 하지만 법인은 법의 통제를 받기 때문에 함부로 지을 수 없다.

　상호가 상표법이나 특허를 받은 경우는 동일한 상호를 사용할 수 없으므로 사업자 등록을 하기 전에 미리 알아보는 것이 현명한 방법이다. 사업장이 번창하고 나서 상호를 변경해야 하는 일이 발생하지 않도록 신중해야 한다.

　이름을 작명할 때는 4가지의 작명 원칙을 가지고 작명하지만 상호는 이름 작명과 같은 법칙이 있는 것은 아니다. 소규모의 개인 사업장이라면 대표자의 사주와 연관하여 짓기도 한다.

사람이나 상호나 시대의 흐름이 있다. 그 시대의 문화를 담고 있다. 아파트도 예전에는 삼성아파트, 현대아파트, 삼익아파트 등 영어가 들어가지 않은 이름으로 지었다. 지금은 래미안, 힐스테이트, 엘지 자이 등 부르기 편한 영어 또는 한글과 외래어를 조합하여 짓는다. 고유 상표 등록을 하게 되면 이름 자체가 브랜드가 되고 지식재산권으로서의 가치가 높아지는 것이다.

상호는 변화하는 문화에 민감하게 대처하는 것이 필요하다. 시대의 문화를 반영하면서도 독창적인 의미와 대중에게 인식이 빠른 상호를 짓는 것이 상품의 성패를 가른다. 그만큼 상호는 중요하다.

 ## 상호 지을 때 고려 사항

이름이 인생을 좌우하기도 하듯 **상호 또한 사업을 좌우하는 중요한 역할**을 한다.
상호는 단순한 문자의 의미를 넘어서서 어떤 가치와 신뢰성을 의미하며 서비스 개념, 질, 차별적인 장점, 핵심 브랜드 등을 나타내기도 하는 전략적인 수단이기 때문이다. 사업의 시작을 알리는 상호를 짓기 전에 고려해야 할 사항을 알아보겠다.

1. 상호는 회사의 이념, 가치, 비전 등을 내포하고 있어야 한다.

상호는 한번 정하면 변경하는 것이 쉽지 않기 때문에 고민해서 지어야 한다.
상호는 회사의 이미지를 대표하는 것이기 때문에 신중하게 선택해야 한다. 회사의 이념과 가치, 비전 등이 함축된 상호를 짓는 것이 중요하다.

2. 상호는 스토리와 브랜드를 고려하여 지어야 한다.

회사명을 네이밍할 때 상호에 스토리가 담겨 있으면 좋다.
사람들에게 다가갈 수 있는 스토리와 함께 분명한 브랜드를 내포하고 있어야 한다. 특별한 브랜드가 없다면 업종을 대표하는 의미를 내포한 상호도 좋다.

3. 사업체의 규모를 고려해야 한다.

사업체의 규모가 어느 정도인지 파악해야 한다. 규모가 작은 자영업일 경우 사업체 대표의 사주와 잘 조화를 이룰 수 있는 상호를 선택하는 것이 좋다. 그러나 100명이 넘는 업체라면 그 사업체는 여러 사람에 의해 운영되는 것이기 때문에 대표자의 사주 영향력은 줄어든다.

4. 상호는 심플하고 짧게 짓는 것이 좋다.

상호는 발음하기 쉬운 소리로 짓는 것이 좋다.
또한 심플하고 짧게 지어 부르기 쉽고 기억하기 쉬운 상호가 좋다.
흔하게 사용하는 단어들은 중복되기가 쉬우며 오히려 기억하기 어려울 수 있고 잘 사용하지 않는 독특한 상호가 오히려 기억에 남을 수 있다.

5. 기존 상호나 상표권이 있는지 검색해 본다.

상호를 정하기 전에 기존 상호가 있는지 검색해 봐야 한다.
개인 이름이야 중복이 되어도 누가 뭐라 할 사람이 없지만 회사명이나 상호는 상표권을 등록하기 때문에 동일하거나 **비슷한 경우 상표권 문제로 분쟁이 발생할 우려**가 있다. 잘못하다가는 사업을 운영하는 중에 상호를 사용하지 못하는 경우가 발생하기도 하기 때문에 이 부분을 유의해야 한다.
사업 중에 상호를 사용하지 못하게 되면 기존에 쌓아 놓은 브랜드 가치와 상호 변경에 따른 피해가 발생할 수 있다.
반대로 **상호를 특허청에 상표 등록을 하여 법적인 보호**를 받도록 하는 것도 중요하다.

6. 상품을 사용하는 대상도 고려해야 한다.

남녀, 학생, 연령층, 도시인지 농촌인지에 따라 상호의 브랜드가 달라진다.

7. 상호를 생각했을 때 떠오르는 이미지나 독특한 특징도 고려해야 한다.

8. 흔한 회사명이나 상호는 피하는 것이 좋다.

   다른 회사와 차별화되기 어렵다.

03 상호 작명의 사례

» 한자를 사용한 상호 작명: 삼성, 현대, 동양, 동국, 한화
» 외국어를 사용한 상호 작명: 아시아나, 엘지, 에스케이
» 산천의 이름을 사용한 상호 작명: 청해수산, 전주비빔밥, 설악추어탕, 춘천닭갈비
» 행성의 이름을 사용한 상호 작명: 금성출판사. 화성상사, 태양전자
» 도시의 이름을 사용한 상호 작명: 파리바게뜨, 서울식당, 북경오리
» 순수 한글을 사용한 상호 작명: 아름다운가게, 아가방, 보글보글머리방

Ⅱ. 아호

01 아호 짓는 법

1 아호는 한자로 雅(우아할 아), 號(부를 호)로 누구나 쉽게, 우아하게 부르는 애칭 정도
   로 생각하면 된다. 불교에서의 법명, 천주교의 세례명과 유사하게 볼 수 있다.

2 우리나라는 옛날부터 동방예의지국이라 하여, **어른들의 존함을 함부로 부르지** 않
   았다. 어른들의 이름 대신 부를 수 있는 호칭이 아호의 사용 목적이라 할 수 있다.

3 아호는 지위나 나이에 상관없이 **이름 대신 편하게 부를 수 있는 또 하나의 이름**이
   며 조선시대에는 양반들이 사용하였으나, 조선 말기부터는 평민들도 널리 사용하
   게 되었다.

4 아호는 예술가, 문학가, 철학가, 정치가 등 대외적으로 많은 사람의 입에 오르내리
   는 인사들이 주로 사용하고 있다.

5 어떤 사람들은 **아호와 이름을 완전 별개로 사용**하기도 하고, 아호와 성명을 같이
   사용하기도 한다.

6 **시골에서 많이 사용하는 택호도 아호의 한 종류**가 된다.
   여자들이 부산댁, 오산댁 등으로 불리고, 남자들이 부산 어른, 오산 어른 등으로 불
   리는 택호도 이름 대신 부르던 아호 중의 하나이다.
   물론 이 경우는 자신과 연관이 있는 고향, 친정의 지명을 따서 부른다.

7 아호는 흔히 스승이나 어른이 지어 주는 경우와 스스로 자작(自作)을 하는 경우가 있다. 현대에는 주로 자작의 경우가 많은데 대부분의 아호는 겸손을 미덕으로 하여 높고 고귀한 문자보다 소박하고 정감 있는 문자를 많이 사용한다.

8 이름(名)과 자(字)는 집안의 어르신이나 부모, 장자가 자신의 의지와 무관하게 지어 주는 것이지만 아호(雅號)는 본인의 의지, 이상, 거처, 열망, 성향을 담아서 짓는다.

9 호(號)는 연령이나 성별, 지위에 따른 제약 없이 누구나 자유롭게 지어 쓸 수 있으며 부를 수 있다.

10 예전에는 남자라면 누구나 이름 대신 아호를 사용했기에 우리에게는 이름보다 아호가 더 알려진 분들도 계시다. 그래서 무엇이 이름이고 무엇이 호인지 분간이 안 갈 때도 있다.
예) 이황 (호: 퇴계), 이이 (호: 율곡), 정약용 (호: 다산)

11 아호는 까다로운 작명법에서 다소 자유롭다.
하지만 아호를 개명 대신 개운에 사용하려고 한다면 작명법을 따라 아호를 짓는다.

12 사주 개운을 위해 짓는 아호가 아니라면 한자의 선택은 자유롭다.

13 직업이나 성격에 알맞은 문자를 선택하여야 한다.

02 아호의 쓰임

1. 개명의 대안으로 사용한다.

사주에 부족한 부분이 있다는 것은 알고 있지만 개명을 하고 싶지는 않은 경우, 아호를 사용하여 필요 오행을 보충해 줄 수 있다. 이름은 너무 마음에 드는데 사주에 조후가 깨져 건강상의 문제가 발생할 수 있는 경우는 조후에 맞는 아호를 지어 닉네임처럼 사용하면 좋다.

2. 자신의 이미지를 표현해 준다.

시인, 소설가, 학자들은 집필할 때 필명을 사용한다. 필자 또한 책을 집필할 때 정담이라는 필명이자 호를 사용하고 있고 정담작명문화원을 운영하고 있다.

정담(情談)이라는 호를 들으면 뭔가 소통하고 싶고 따뜻한 이미지가 떠오르듯 아호는 자신이 추구하는 바를 이입해 사용하면 좋다.

03 아호의 영향

1   아호를 지어 사용하면 이름에 **부족한 사주의 기운을 보충**할 수 있다.

좋은 사주에 좋은 이름을 가지지 못한 경우 아호를 쓰면, 상당 부분 보완이 가능하다고 본다.

2   물론, 좋은 이름을 가졌으면서 좋은 아호를 사용한다면 금상첨화가 될 수 있다.

3   아호는 사주의 부족한 부분이나 이름에서의 문제점을 보완하는 또 하나의 이름으로, **나쁜 작용은 줄이고 좋은 작용은 더욱 강하게** 하여, 좀 더 나은 삶을 살 수 있도록 도움을 준다.

 아호의 소재

1   자신의 이상이나 신념, 희망 등을 내포한 글자이면 좋다.

2   고향이나 가고 싶은 곳, 좋아하는 사람이 사는 곳도 소재가 된다.

3   자연을 소재로 많이 사용하기도 한다.

4   기후나 계절 등도 많이 사용하는 소재가 된다.

    그 외에도 구름이나 비, 눈, 춘하추동, 한난조습 등 다양한 소재를 활용할 수 있다.

5   목: 소나무나 난초, 국화 등 초목을 소재로 하여 불변이나 꿋꿋함을 나타낸다.

    화: 태양이나 달, 별 등을 소재로 하여 희망이나 이상을 표현한다.

    토: 변함없음, 신뢰, 중용, 편안함과 같은 의미를 표현한다.

    금: 산이나 바위, 고개 등도 불변의 의지를 표현하기 위해 사용한다.

    수: 강이나 바다, 호수 등 물의 의미를 많이 사용하기도 한다.

      상선약수와 같이 겸손의 미덕이 있고, 부드러운 면을 나타낸다.

05 일반 성명 작명법과 아호 작명법의 구별

1 아호는 글자 간 발음오행이 상생되면 좋다.
   성씨와는 연관하지 않으나, 상극되지 않는 것이 좋다.

2 외자인 아호는 성과 연계되므로, 성씨와 음양의 배합이 되어야 한다.

3 아호의 수는 모든 획수를 합한 것이 길수이면 좋다.

4 아호는 불용 문자를 가리지 않는다.

06 아호 사례

» **포은(圃隱) 정몽주**: 성리학의 시조이며, 고려의 마지막 충신(「단심가」)

» **매죽헌(梅竹軒) 성삼문**: 단종 복위를 꿈꾸던 사육신의 대표적 인물

» **매월당(梅月堂) 김시습**: 절개의 기인 학자

» **퇴계(退溪) 이황**: 성학십도(聖學十圖)의 작가이며, 성리학의 달인

» **율곡(栗谷) 이이**: 조선시대 최고의 석학으로 신사임당의 아들

» **토정(土亭) 이지함**: 『토정비결』의 저자로 「주역(周易)」에 능통한 정치가

» **녹두(祿斗) 전봉준**: 녹두 장군으로 기억하는 동학군의 영수

» 후광(後廣) 김대중(金大中)

» 거산(巨山) 김영삼(金泳三)

» 운정(雲庭) 김종필(金鍾泌)

» 경사(俓史) 이회창(李會昌)

Ⅲ. 예명

01 예명의 사용

1. 연예인은 예명을 사용하는 경우가 허다하다.

 자신의 직업과 분위기에 맞춰 기억하기 쉽고 자신의 이미지를 부각하기 위해 예명을 사용한다. 예를 들어 김구라가 정통극을 하는 연예인이라면 직업과는 어울리지 않는 이름일 것이다. 개그맨 이름이 현빈이라면 그것 또한 자신의 직업적 이미지와는 맞지 않는다. 그래서 예명은 본인의 직업을 반영해서 지어야 한다.

2. 너무 평범한 이름이어서 예명을 사용하기도 한다.

 연예인이나 예술가 등은 일단 자신의 이름을 대중에게 알리는 것이 목적이다. 일반인들이 사용하는 평범한 이름으로는 대중의 기억에 남기 어렵기 때문에 예명을 사용한다.

3. 이름이 너무 촌스러울 경우 예명을 사용한다.

예명	본명	예명	본명	예명	본명
G-dragon	권지용	송지효	천성임	일락	윤대근
가인	손가인	송채환	권소연	임하룡	임한용
가희	박지영	수진	박수진	자두	김덕은
강석우	강만홍	신구	신순기	장혁	정용준
강수지	조문례	신동	신동희	전지현	왕지현
강은비	주미진	신민아	양민아	전진	박충재
강인	김영운	신성우	신동륜	정다빈	정혜선
공유	공지철	신혜성	정필교	정수라	정은숙
김C	김대원	심혜진	심상군	주지훈	주영훈
김구라	김현동	싸이	박재상	주진모	박진태
김규리	김민선	아이비	박은혜	주현	주일춘
김민우	김상진	아이유	이지은	지성	곽태근
김보성	허석	앤디	이선호	진이한	김현중
김수로	김상중	양배추	조세호	차예련	박현호
김지석	김보석	양파	이은진	채림	박채림
김지수	양성윤	에릭	문정혁	채연	이진숙
나르샤	박효진	예성	김종운	최지우	최미향
나훈아	최홍기	예지원	이유정	추자연	추은주
데니안	안신원	오재미	오재희	춘자	홍수연

독고영재	전영재	왁스	조혜리	타블로	이선웅
인순이	김인순	원빈	김도진	탁재훈	배성우
레이	엄경천	유건	조정익	태양	동영배
리마리오	이상훈	유민	후에키 유코	태진아	조방헌
바다	최성희	유아인	엄흥식	테이	김호경
박시은	박은영	윤다훈	남광우	하지원	전해림
박시후	박평호	윤서준	김충렬	하하	하동훈
박화요비	박미영	윤소이	문소이	한가인	김현주
배칠수	이형민	윤형빈	윤성호	한예슬	김예슬이
별	김고은	은혁	이혁재	한재석	한상우
붐	이민호	이루	조성현	한지일	한정환
비	정지훈	이수영	이지연	한채영	김지영
서지석	서종옥	이영자	이유미	현빈	김태평
서태지	정현철	이완	김형수	현영	유현영
서현	서주현	이적	이동준	현철	김상수
선우용녀	정용례	이주노	이상우	홍수아	홍근영
설운도	이영춘	이지아	김상은	황보	황보혜정
성진우	성명관	이채영	이보영	황봉아	황원식
소이현	조우정	이특	박정수	황신혜	황정만
손예진	손언진	이휘재	이영재	송승헌	송승복

Ⅳ. 한글 이름

01 한글 이름 작명법

한글은 우리나라의 문자이고, 세계적으로 그 우수성이 인정되었다. 요즘은 아기 이름이나 개명 등에 한글 이름을 희망하시는 분들도 있다. 한글 이름은 장점도 있지만, 단점도 적지 않다.

1 좋은 뜻이 담겨 있고 우리말의 아름다움을 살릴 수 있는 우리말을 사용한다.
2 한글 이름 중 긴 이름을 사용하는 사람이 있으나 3글자 이상의 긴 이름은 피한다. 이름이 너무 길면 나중에 놀림감이 되기도 해 자존감이 떨어질 수 있다.
3 한자는 성과 이름자를 별개로 사용하지만 한글은 성과 이름자가 어울려 의미 전달이 되면 좋다. 단, 성을 빼고 이름만 불러도 좋은 이름이어야 좋다.
4 성인이 되어서도 무난한 이름으로 해야 한다.
   성인이 된 이후에도 귀여운 이미지의 이름이라면 나이가 들수록 이름과 자신이 한 몸이라는 생각이 들지 않을 수 있다.
5 한글 이름은 한자의 작명법 이론에 얽매일 필요는 없다.

02 한글 이름의 장점

1 아름다운 한글의 우수성을 느낄 수 있다.
2 순우리말을 사용한 이름은 순수한 우리 민족의 정서를 담고 있어서 친근함이 느껴진다.

3 성씨와 잘 어울리게 지어진 한글 이름은 발음이 부드럽고 아름다우며 글자체가 고와서 예쁘고 좋은 이미지를 가진 이름이 된다. 순우리말이 주는 이미지와 어감을 충분히 활용하여 이러한 장점을 최대한으로 부각시킬 수 있다.

4 생동감이 있고 직접적이다.
듣자마자 바로 직관적으로 그 뜻을 유추하기 쉽다.
듣는 순간 이미지가 바로 형성되며 매우 직접적이다.

5 대체로 어렸을 때의 이미지와 부합된다.
귀여운 아기, 앳된 모습의 아이들을 보고 있노라면 여러 가지 우리말의 표현이 자연스럽게 떠오른다. 이런 한글 이름들은 어렸을 때의 이미지를 표현하는 데 최적화되어 있다고 볼 수 있다. 이 부분은 한글 이름의 장점이지만, 단점이 되기도 한다.

03 한글 이름의 단점

1 연상되는 이미지가 있고 뜻이 포함되기도 하지만, 같은 이름의 경우 구별되지 못한다.

2 한자 이름에 비해 가벼워 보인다.

3 아이들에게는 적합하지만 어른들에게는 어울리지 않는다는 평을 받기 쉽다

4 정통 성명학의 적용이 어렵다.
이름은 타고난 사주의 부족한 점을 보완하는 보완 학문으로서의 가치가 매우 유용하다. 그래서 선천 운명을 보완하는 후천 학문의 역할을 해 왔다. 정통 성명학은 음양과 수리, 발음, 자원 등으로 사주를 보완해 줄 수 있으나 한글 **이름은 사주의 보완이 취약하다.**

5 중·장년이 되었을 때 괴리감이 생긴다.
한글 이름의 경우, 대부분 어렸을 때의 귀여운 모습을 그대로 담고자 하는 경우가 많다. 나이가 들어, 머리가 희끗희끗해지고 주름이 늘어 가면 귀엽고 깜찍한 느낌의 한글 이름들이 어울리지 않는다. 오히려 현재 모습과의 괴리감만 키우는 사례가 많다. 이름은 장기적이고 긴 안목으로 지어야 한다.

04 한글 이름 사례

가람: 강의 옛말로, 영원히 흘러가는 업적을 남기는 사람이 되라는 뜻

가온: 세상의 중심이 되라는 뜻

나래: 날개(나래: 방언)가 상징하는 것처럼 자유롭고 창조적인 사람이 되라는 뜻

늘봄: 언제나 봄처럼 활기차고 새롭게 살아가라는 뜻

다온: 좋은 모든 일이 다 온다는 뜻

다한: 모든 일에 최선을 다한다는 뜻

도담: 건강하게 자라나라는 뜻, 어린애가 탈 없이 잘 자라는 모양

로다: 기다리던 아이가 바로 너로다, '너로다'에서 따온 이름

로운: '슬기로운', '이로운'에서 따온 이름

바다: 바다처럼 넓은 마음을 가지라는 뜻

별: 밤하늘의 별같이 빛나는 인물이 되라는 뜻

별하: 별같이 높이 빛나는 사람이 되라는 뜻

보담: 어느 누구보다 더 나은 삶을 살라는 뜻

보람: 무슨 일이든 보람을 느끼며 살라는 뜻

보예: 보람차고 예쁘게 자라라는 뜻

빛글: 세상 사람들의 빛, 곧 길잡이가 되는 글을 쓰라는 뜻

새론: 늘 새로운 사람이 되라는 뜻, '새로운'을 줄인 이름

세리: 큰 뜻을 세우고 살아가라는 뜻

소예: 소담스럽고 예쁘다는 말에서 특정 음절을 따서 지은 이름.

슬아: 슬기로움과 아름다움을 지니라는 뜻

시원: 막힘없이 시원한 성격을 지니라고 '시원하다'에서 뿌리(어근)를 따온 이름

여름: 열심히 살아 좋은 결과를 얻으라는 뜻, 열매를 뜻하는 옛말

이솔: 소나무(솔)의 기상과 품위에서 특정 음절을 따서 지은 이름

자올: 모든 사람과 친하게 지내는 원만한 성격을 지니라는 뜻

조히: 깨끗하고 맑은 마음을 잃지 말라는 뜻, '깨끗이'를 뜻하는 옛말

초롱: 맑고 영롱하게 빛난다는 뜻, '초롱초롱하다'에서 따온 이름

하나: 이 세상에 하나밖에 없는 소중한 아이라는 뜻

한글 이름에 대한 소견

1   한글 이름도 장단점이 있고, 한자 이름 역시 장단점이 있다.

최근 어렸을 때 지은 **한글 이름을 한자 이름으로 개명하는 사례가 늘고 있다.**

나이 들고, 사회적 지위가 높아지면서 귀여운 이미지만을 품은 이름이 더 이상은 어울리지 않는다는 것이 개명 사유이다.

하지만 **한자 이름이라는 이유만으로 개명을 결심하는 사례는 많지 않다.**

2   아기 이름의 경우 선택은 부모님이 하는 것이니 깊이 생각해 보고, 고려한 후 출생신고를 하는 것을 권장한다.

3   결론적으로 이름은 평생을 사용하는 것이니 어릴 때 귀여움만을 가지고 작명하는 것은 지양하고 싶다.

쌍둥이 작명 방법

쌍둥이 작명이라 하여 일반 작명과 특별히 다를 것은 없다.

쌍둥이는 시간 간격이 그리 크지 않게 출생하기 때문에 사주가 같을 확률이 높다.

동성의 쌍둥이라면 대운까지 같을 것이고 성이 다른 쌍둥이라면 대운의 흐름은 반대가 될 것이다. 같은 사주라 하더라도 대운의 흐름까지 고려하여 작명을 해 주면 좋다.

오행을 골고루 갖춘 오행구족격이라 하더라도 고립된 오행이 있을 수 있다. 대운의 중요 시기에 고립된 오행이 풀리도록 작명을 하는 것도 좋은 방법이다.

쌍둥이는 **사주 8글자가 같을 확률이 높기 때문에 필요한 자원오행이 같다.** 그러니 같은 **자원오행 중에서 다른 글자를 찾아 원형이정 수리오행**을 맞춰 주면 된다.

시대별 선호하는 남자 이름 10위

년도	1945	1948	1958	1968	1975	1978	1988	1998	2005	2008	2009
1위	영수	영수	영수	성호	정훈	정훈	지훈	동현	민준	민준	민준
2위	영호	영호	영철	영수	성호	성훈	성민	지훈	현우	지훈	지후
3위	영식	영식	영호	영호	성훈	상훈	현우	성민	동현	현우	지훈
4위	정웅	영철	영식	영철	성진	성진	정훈	현우	준혁	준서	준서
5위	영길	정수	성수	정호	정호	지훈	동현	준호	민재	우진	현우
6위	영일	종수	성호	영진	상훈	성호	준영	민석	도현	건우	예준
7위	정수	정식	상철	병철	성민	정호	민수	민수	지훈	예준	건우
8위	정남	정호	종수	진호	영진	준호	준호	준혁	준영	현준	현준
9위	광수	영환	경수	성수	상현	성민	상현	준영	현준	도현	민재
10위	중수	광수	상호	재호	준호	민수	진우	승현	승민	동현	우진

시대별 선호하는 여자 이름 10위

년도	1945	1948	1958	1968	1975	1978	1988	1998	2005	2008	2009
1위	영자	순자	영숙	미경	미영	지영	지혜	유진	서연	서연	서연
2위	정자	영자	정숙	미숙	은정	지은	민지	민서	민서	민서	민서
3위	순자	정순	영희	경희	은주	미영	수진	수빈	서현	지민	서현
4위	춘자	정숙	명숙	경숙	은영	현정	혜진	지원	수빈	서현	지우
5위	경자	영숙	경숙	영숙	현주	은주	은지	지현	유진	서윤	서윤
6위	옥자	영순	순자	미영	은경	은영	지영	지은	민지	예은	지민
7위	명자	정자	정희	영미	지영	현주	아름	현지	서영	하은	수빈
8위	숙자	영희	순옥	정희	미경	선영	자현	은지	지원	지우	하은
9위	정순	정희	영순	정숙	현정	지연	지연	예진	수민	수빈	예은
10위	화자	옥순	현숙	현숙	미정	혜진	보람	예지	예원	윤서	윤서

V. 개명에 관한 사항

01 일반적인 개명 허가 사유

과거에는 특별한 사유가 없으면 법원에서 개명 허가를 잘 내주지 않았다.

하지만 2005년 대법원에서 개명을 원하는 것도 국민의 기본권에 해당하니 개명을 허가하라는 판례로 인해 개명을 하는 것이 예전에 비해 엄청나게 쉬워졌다.

범죄를 은폐할 목적이거나 불순한 의도로 개명을 하려는 것이 아닌 이상은 개명을 허용해야 한다는 대법원 판례 이후 개명 신청자는 급격하게 증가하였다. 개명 신청을 하여 허가가 나는 **개명 허가율은 1990년대만 해도 70% 정도에 불과**했지만 현재는 95% 정도로 높다.

개명을 할 때는 신중하게 해야 한다. 개명은 일시적인 기분 전환용이 아니다.

개명을 하여 이름이 바뀐다는 것은 지금까지 쌓아 온 자신의 이미지가 변함을 의미한다. 개명 이후에는 주민등록이나 통장, 자격증, 각종 신분증을 변경해야 하는 번거로움도 있다.

이런 번거로움을 전부 감수하고서라도 **개명을 원할 때는 정말 작명을 잘하는 전문가에게 이름을 받아 개명을 신청하길 권한다.** 개명은 신중해야 하는 일이며 중요한 일이기 때문이다.

다음은 일반적인 개명 허가 사유이다.

1 실생활에서 부르는 이름이 **호적상의 이름과 다른 경우**

2 같은 이름이 복수로 존재하는 경우

   즉, 직계 가족이나 친족 간에 이름이 같은 사람이 있는 경우나 동일한 생활 영역

   내에 성씨와 이름까지도 같은 사람이 있는 경우

3 **너무나도 흔한 이름인 경우**

4 부르기 나쁜 이름이나 발음상 부르기가 까다로운 이름

   특히 성별(性別)에 어울리지 않는 이름이나 발음상 욕설로 들리거나 수치감을 느

   끼는 이름

   예: 임신중, 나죽자, 김창녀, 노숙자 등

5 **유명한 흉악범이나 부도덕한 자의 이름을 연상케 하는 이름**

   예: 유영철, 신창원, 조두순, 이완용 등

6 **항렬자**를 따르기 위한 경우

7 한자 사전(옥편)에도 없는 한자 이름인 경우

8 귀화한 외국인이 한국 이름으로 개명하려는 경우

9 외국식(특히 일본식) 이름인 경우

   예: 김명자, 이정자 등

10 인명용 한자가 아닌 이름

11 작명상 의미가 좋지 않은 이름인 경우

12 **출생신고 당시 출생신고서에 이름을 잘못 기재한 경우**

02 개명 절차

1 신청서 접수: 해당 주소지 관할 법원(2~3개월 정도 소요된다)

2 판결문이 송달된 후 1개월 이내 호적 정정을 하지 않으면 허가가 취소된다.

3 호적 정정 신고: 구청(1개월 이내 주민등록증, 차량등록증 등을 변경하지 않으면 벌금)

4 주민등록증(행정복지센터), 차량등록증(자동차등록사업소) 변경

03 개명 신청에 필요한 서류

1 개명허가신청서(법원 호적계에서 제공) 1통
   » 본인이 작성해야 하는 가장 중요한 서류이다.
   » 이 중에 '신청사유'란을 읽어 보고 개명의 적합 여부를 판단하니 정성껏 작성한다.
2 기본증명서 1통(행정복지센터)
3 가족관계증명서 1통(행정복지센터)
4 주민등록등본 1통(행정복지센터)
5 부모, 자녀 각각의 가족관계증명서 1통(행정복지센터)
   » 개명 대상자가 20세 미만의 미성년자일 경우 부모가 법정대리인이 되어 신청할 수 있다.

04 개명 허가 신청 후 해야 할 일

1. 개명 허가 신청 후 2주일에서 석 달 내로 법원으로부터 우편물이 온다.

만약 그 **우편물(결정문)에 "허가한다."라는 문구가 있으면 개명이 허가**된 것이다.
개명 허가 결정을 받았으면 그 법원 결정문을 가지고 본적지 또는 주소지 관할 구청이나 행정복지센터에 가서 신고를 하면 3~4일 후에 새로운 이름으로 호적이 변경된다(필히 1개월 이내에 신고).

2. 주민등록은 행정 전산망을 통하여 자동으로 변경된다.

 기타 운전면허증, 자격증, 예금 통장, 학교 졸업장 등을 정리할 경우에는 신규 주민등록초본을 가지고 발행 기관에 신고하면 된다.

» 주민등록증과 차량등록증은 1개월 이내에 새로 발급을 받아야 하며 늦어지면 과태료가 부과된다.
» 나머지 통장, 자격증, 보험 증권, 계약서, 학적부 등은 기간에 상관없이 필요할 때 정정하면 된다.

05 개명 기각

1 **결정문에 "기각한다."**라고 기재되어 있다(개명 불허라는 의미이다).
2 기각 후 1개월 이내에 항고할 수 있다.
3 주소지를 변경하고 다른 관할 법원에 재신청할 수 있다.
4 동일 법원이라도 개명에 관한 소명 자료를 보완하면 재신청이 가능하다.

06 개명허가신청서 양식

(견본: 성년자용)

개 명 허 가 신 청 서

등록기준지 :
주   소 :
신청인 겸
사건 본인의 성명: (한자:)
            주민등록번호   -
            전화번호 : (휴대폰)   (자택)

신청 취지

등록기준지   도(시)   시(군, 구)   동(읍, 면)   리   번지
신청인 겸 사건 본인의 가족관계등록부 중 사건 본인의 이름 "   (한자:)" 을
(를) "   (한자:)" (으)로 개명하는 것을 허가하여 주시기 바랍니다.

신청 이유

소명 자료

1. 사건 본인의 기본증명서와 가족관계증명서 각 1통
2. 사건 본인의 부와 모의 가족관계증명서 각 1통
3. 사건 본인 자녀(사건 본인의 손자가 있는 경우)의 가족관계증명서 각 1통
4. 주민등록등본 각 1통
5. 기타

년   월   일

위 신청인   (인)

법원   지원   귀중

※ 관할법원에서 개명의 필요성을 판단하기 위한 자료로 기타 서면의 첨부가 요구될 수
있으므로 반드시 관할법원에 문의하시기 바랍니다.

(견본: 미성년자용)

개 명 허 가 신 청 서

등록기준지 :
주   소 :
신청인 겸
사건 본인의 성명 :   (한자:)
           주민등록번호   -
           전화번호 : (휴대폰)   (자택)
           법정대리인 친권자 부 :   (한자:)
                          모 :   (한자:)
           법정대리인의 주소 :
           전화번호 : (휴대폰)   (자택)

신 청 취 지

등록기준지   도(시)   시(군, 구)   동(읍, 면)   리   번지
신청인 겸 사건 본인의 가족관계등록부 중 사건 본인의 이름 "   (한자:)" 을
(를) "   (한자:)" (으)로 개명하는 것을 허가하여 주시기 바랍니다.

신 청 이 유

소 명 자 료

1. 사건 본인의 기본증명서와 가족관계증명서 각 1통
2. 사건 본인의 부와 모의 가족관계증명서 각 1통
3. 주민등록등본 각 1통
4. 기타

년   월   일

신청인의 법정대리인 친권자 부   (인)
                          모   (인)

법원   지원   귀중

※ 관할법원에서 개명의 필요성을 판단하기 위한 자료로 기타 서면의 첨부가 요구될 수 있으므로 반드시 관할법원에 문의하시기 바랍니다.

07 개명허가신청서 견본

본적: 서울시 관악구 신림동 ○○○
주소: 서울시 노원구 중계동 ○○○

신청인 겸 사건 본인의 성명: ○○○(한자: ○○○)
생년월일: 19○○년 ○○월 ○○일생
전화번호: (휴대폰)   (자택)

신청 취지

본적 도(시) 시(군, 구) 동(읍, 면) 리
번지 호주 (한자:)의 호적 중 사건 본인의
이름 김삼순(한자: ○○○)을 ○○○(한자: ○○○)로 개명하는 것을 허가한다.
라는 결정을 구합니다.

신청 이유

1. 신청인 겸 사건 본인은 부 ○○○ 모 ○○○ 사이에 4남 2녀 중 둘째로 출생하여 1980년 12월 3일 부의 신고로 호적에 성명이 김삼순으로 등재되었습니다.
2. 신청인 겸 사건 본인이 태어나기 전, 부모님께서는 몸이 아파 출생신고를 할 수 없는 상황이라 조부모님이 '삼순'이란 이름으로 출생신고를 하였습니다.
3. 제 호적상 이름인 '삼순'은 「내 이름은 김삼순」 이후 결국 놀림감의 대상이 되기도 했기에 '김삼순'이라는 이름이 수치스럽게 여겨지고 감추고 싶어졌습니다.

성인이 되어서도 본인의 이름을 타인에게 말하기 꺼렸고, 어쩌다가 가끔 무심코 호적상의 제 본명인 '김삼순'이라고 말하였다가 웃음거리가 된 적도 여러 번 있었습니다. 그때마다 매번 심한 콤플렉스를 느끼며 살아왔습니다. 이쁘고 귀한 이름도 많은데 하필 김삼순이라는 이름으로 인하여 자존감이 떨어지고 이름에 대한 애정은커녕 이름을 들을 때마다 이런 이름을 지어 준 부모님이 원망스럽기까지 했습니다.
더 이상 이름으로 인한 고통은 사라졌으면 하는 바람입니다.
위와 같은 사정을 참작하시어 신청인 겸 사건 본인의 개명을 허가하여 주시기 바랍니다.

년   월   일

위 신청인   (인)

법원   지원   귀중

08 타고난 운명을 보완하는 작명 개운법,
'지금은 이름 성형 시대'

성형 수술을 받은 사람들에게서 성형 후 외모만 변하는 것이 아니라, **마음까지도 성형되었다**는 말을 종종 듣는다. 일반적으로 외모에 대해 자신감이 떨어지면, 마음 또한 움츠러들기 쉽다. '사람들이 나를 어떻게 볼까?' 자꾸만 주변의 시선을 의식하게 되고, 그러면서 점점 더 소극적인 성격으로 변해 가는 것이다.

의복도 마찬가지이다. 마음에 드는 옷을 입고 나가면, 누구를 만나든 자신감이 생긴다. 그런 날엔 왠지 일도 잘 풀릴 것만 같다. 반면에 마음에 들지 않는 옷차림을 했을 경우, 남 앞에 나서기가 꺼려지는 경험을 누구나 한 번쯤 해 봤을 것이다.

가까운 지인 중에 김삼덕이라는 분이 있다.

"사람들은 내 이름이 촌스럽다고 하는데, 난 좋아. 요즘 시대에 맞지 않는 이름이라며 누구는 개명을 권하더라고. 하지만 그럴 생각이 전혀 없어."

이분은 자신의 이름에 대한 자긍심이 있었다. 큰언니는 만덕, 둘째 언니는 부덕, 셋째 딸인 자신은 삼덕인데, 그중 삼덕이가 제일 낫지 않느냐며 웃었다.

세 가지의 덕을 뜻하는 삼덕이가 자신은 좋다면서. **누가 뭐라 해도 자신의 이름에 대해 자긍심이 있고 스스로 만족하면 그것으로 충분**하다. 생각이 긍정적이고 심신이 두루 건강한 그녀는 30년 넘게 은행에 근무했고, 지점장으로 명예롭게 은퇴했다.

박지원이라는 이름을 가진 후배가 있다. 어릴 때는 유복하게 어려움 없이 성장했는데 어느 순간부터 인생이 평탄하지 않게 흘러갔다. 용하다는 점집을 찾아가면 개명하라는 소리를 매번 들었다. 결국 박지원으로 개명을 했다. 그래도 인생이 별반 달라진 게 없다며 내게 감명을 요청해 왔다. 감명을 해 보니 발음오행, 음양오행, 자원오행, 수리오행이 전부 맞는 이름이었다. 감명 결과 좋은 이름이라고 했더니 꺼림칙한 마음을 내려놓고 안심을 했다. 그럼 자신을 대변할 수 있는 아호를 하나 지어 달라고 부탁했다. **'웃으며 편안한 삶을 살다'라는 의미의 '유담'**으로 **아호**를 지어 주었다.

'유담 박지원'. 그녀는 무척 흡족해했다. 현재는 심리상담을 하고 있는데, 명함에도 아호를 넣고 카톡 대문 사진에도 자신의 **아호를 걸어 놓았다. 아호 덕분인지 요즘은 하는 일도 잘되고 편안하다며** 기쁨을 전해 왔다.

3개월 전쯤 지인의 소개로 연락했다며 개명을 원한다는 전화가 왔다. 목소리에 생기가 없을 뿐만 아니라, 우울감마저 묻어 있는 듯했다. 다른 곳에서 이름을 감명해 보고 전화를 건 그녀는 자신의 이야기를 꺼내면서 눈물을 쏟아 냈다. 폭력적인 남편과 일찍 사별하고 아들 둘을 키웠다고 했다. 장성한 두 아들은 아버지를 닮아서인지, 술을 좋아하고 번번이 사고를 치고 다닌다며 장탄식을 했다.

겨울에 태어난 그녀는 사주 8글자 중 수(水)가 4개나 되었고, 그 수(水)는 자식을 나타내는 식상이 과다한 사주였다. 대운 또한 가을 겨울로 흘러 사주만 보아도 팍팍한 생을 살아왔을 게 한눈에 보였다. 이름을 감명해 보니 이름 또한 상극이었으며, 자원오행 또한 금수로 이뤄진 이름이었다. 건강 또한 무너져 있는 상태였다. **여러 가지 개운법이 있지만, 가장 강력한 개운법**으로 사주와 이름에 대한 설명을 하고 적극 개명을 권유했다. 목화가 들어가는 이름으로 개명을 해 주었다. 말년이 흉수로 되어 있던 원형이정도 길수로 변경해 주었다.

얼마 전 그분으로부터 전화가 왔다. 법원으로부터 개명이 받아들여졌고. 웬일인지 맘속에서 우울감이 싹 사라지고 전에 없던 희망이 생겨 정말 감사하다는 인사를 전했다. 목소리에서부터 우울함이 전해지던 과거의 모습은 찾아볼 수 없었다. 목소리가 두 옥타브 높아진 듯했다. 사람이 이리 달라지다니 감사할 따름이다. **뒤늦게 얻은 작명사라는 직업에 대한 자긍심과 누군가에게 희망이 전달**되었다고 생각하니 콧노래가 절로 나오는 하루였다.

플라시보 효과 이론이 있다.
의사가 효과 없는 가짜 약을 환자에게 투여했으나 의사와 약에 대한 믿음이 있는 환자가 그걸 복용한 후 병세가 호전되는 것을 말한다. 마음이 그만큼 중요하다는 것을 의미한다. 얼굴 성형이 마음 성형 효과를 동반하는 것처럼, 개명 또한 이와 비슷하다. **뭔가 풀리지 않는 것 같은 인생이 이름을 '성형'함으로써 잘될 것 같다는 믿음.**

플라시보 효과와 같은 맥락인 이 믿음을 나는 중요하게 생각한다. 인생은 뿌린 대로, 믿음대로 흘러가게 되어 있기 때문이다. 그러기에 옛 어른들은 말이 씨가 된다고 하지 않았던가. 말은 곧 마음이며, 마음은 곧 믿음의 고향이다.

작명문화원을 운영하며 플라시보 효과 경험을 자주 하게 된다. **이름 성형을 하고 난 후 내담자 스스로 인생에 대한 마음가짐이 바뀌는 것**을 본다. 이름 성형, 운명이 변화할 수 있다는데 무엇인들 못 하겠는가? 이름은 제2의 운명이고, 내 뜻과 상관없이 타고난 운명을 보완하는 작명개운법이 있다는 것을 누구나 알기를 희망한다. 매일 불리는 이름이 얼마나 중요하고 얼마나 자신의 인생에 영향을 끼치는지 진정 알았으면 하는 바람이다.

타고난 사주는 수족(手足)과 같지만 이름은 의복과 같다.

수족은 맘에 안 든다 하여 잘라 버릴 수가 없다. 하지만 이름은 의복과 같아 내 뜻만 있다면 언제든 바꿔 입을 수 있다. 지금은 신체 성형이 일상이 되었듯 이름 성형 시대이니 말이다. 특히 인생의 첫 단추인 신생아 이름 짓기는 섣부르게 하지 않기를 권한다.

참고 문헌

1. 명리적성 비법노트, 저자 이민호, 정담 정희, 하움출판사

2. 나이스 작명: 성명학, 저자 박대희, 상원문화사

3. 정통 성명학, 저자 서소옥, 이담북스

4. 자원오행 성명학, 저자 김기승, 다산글방

5. 작명의 명인, 저자 지평, 문원북

6. 아호연구, 저자 임삼업, 삼한출판사

정담(情談) 정희

당신에게 주어진 것으로
당신은 무엇을 할 수 있습니까?

두 시간 정도의 새벽 일과를 마치고 집으로 돌아올 때의 마음을 무엇에 비견할까. 이 습관으로 설레고 행복한 새벽을 보낸다.

돌이켜 보면 온갖 불행을 껴안고 살아야 했던 유년이 있었기에, 현재의 평안이 더 감사하게 다가오는 것일 게다. 나의 유년 기억이 이토록 팍팍한데, 어머니가 짊어진 삶의 무게는 얼마나 무거웠을까.

어느 날 여느 때처럼 공장 일을 마치고 밤늦게 돌아오시는 어머니를 마중 나갔다. 그날 어머니 손에는 낡은 주전자가 들려 있었다. 자식들 입에 매일 밥알을 넣어 주지 못해도 아버지가 마실 술은 받아 와야 했던 어머니. 하지만 그날 밤, 주전자에는 술 대신 쉰 김치가 들어 있었다. 어머니는 "배고프지?" 하시며 길바닥에 쪼그리고 앉아 양념을 손으로 훑어 내시고는 내 입에 김치 한 조각을 넣어 주셨다. 어두운 골목길, 밥 한술도 없이 먹은 김치가 그렇게 맛이 있다니. 50여 년의 세월을 살아오는 동안 온갖 김치를 다 먹어 봤지만, 그날의 김치 맛을 다시 만날 수가 없다.

가난한 사람들의 이웃은 대부분 가난한 사람들이다. 엄마 곁에 있던 분들도 생계가 어려운 분들이었지만, 정에 인색하지 않으셨다. 변두리 서민들의 삶이 어성버성하련만 밀가루를 사 주고 대가 없이 라면 한 박스를 놓고 가던 이웃분들이 있었다. 그분들은 지금 어디서 어떻게 살고 계실까?

절박한 순간에 내미는 손은 생사를 가를 만큼 힘이 있다.

내가 악착같이 긍정의 힘으로 고난을 이겨 낼 수 있었다 하더라도 수많은 인연의 끈이 없었다면 불가능한 일이었을 것이다. 나날이 사회가 발달하더라도 배고픈 이웃들이 있다. 누군가의 도움이 간절히 필요한 사람들. 이제는 돌려줘야 하는 시점이다. 무엇으로 기여할까. 그 또한 나의 숙제 중 하나다.

What are you doing with what you've been given?
당신에게 주어진 것으로 당신은 무엇을 할 수 있습니까?

미혼모 시설의 아기들에게 이름을 지어 주기로 했다. 시설에서 홀로 아기를 낳는 젊은 친구들. 앞으로의 삶이 얼마나 고될지를 알기에, 손을 잡아 줘야겠다는 생각이 들었다. 엄마들과는 따로 상담을 진행한다. 무기력하고 벌써 지쳐 버린 젊은 그들에게 나의 이야기도 전하고 눈물도 함께 흘린다. 그 속에서 초롱초롱해진 눈빛을 발견한다.

배고프고 힘겨웠던 시절, 우리 가족의 손을 잡아 주었던 이웃분들,
그분들이 지금 어디 있는지 알 수는 없지만 지금 내 손이 필요한 이웃들이 있다.
인세 및 작명, 상담을 통한 수익의 일정 부분은 기부하고자 한다. 받은 것은 돌려줘야 함이 마땅한 이치라 생각한다.

늦은 나이에 쌓은 나의 재능이 이리 유용하게 쓰일 수 있음에 그저 감사할 뿐이다.

젊음보다 더 활기찬 미래를 꿈꾸며
- 새로운 인생을 살게 되는 임인년(壬寅年) 기유월(己酉月)에 -

타고난 운명을 보완하는
작명개운법

1판 1쇄 발행 2022년 10월 7일

지은이 정담(情談) 박정희

교정 주현강　**편집** 문서아
마케팅 박가영　**총괄** 신선미

펴낸곳 하움출판사　**펴낸이** 문현광

이메일 haum1000@naver.com　**홈페이지** haum.kr
블로그 blog.naver.com/haum1007　**인스타** @haum1007

ISBN 979-11-6440-224-3 (03180)